Henry ROUY

MEMBRE CORRESPONDANT
DE L'ACADÉMIE NATIONALE DE REIMS

SEDAN

durant la guerre de 1914 à 1918

52 MOIS DE PRISON A SEDAN
(1914-1918)

Pro veritate.

Tome II

PARIS
P. LETHIELLEUX, LIBRAIRE-ÉDITEUR
10, RUE CASSETTE, 10

SEDAN

DURANT

la Guerre de 1914 à 1918

Henry ROUY

Membre correspondant de l'Académie nationale de Reims

SEDAN

DURANT

LA GUERRE DE 1914 à 1918

52 MOIS DE PRISON A SEDAN (1914-1918)

Fide ac veritate.

Tome II

PARIS

P. LETHIELLEUX, LIBRAIRE-ÉDITEUR

10, rue Cassette, 10

SEDAN
durant la Guerre de 1914 à 1918

CHAPITRE PREMIER

CONSEIL MUNICIPAL
1er Août 1914. — 22 Octobre 1918.

I

Le Samedi 1er août, à sept heures du soir, le conseil municipal tenait séance publique.

Quatorze conseillers seulement se trouvaient réunis sous la présidence du maire, M. Frédéric Bacot ; plusieurs de leurs collègues venaient d'être mobilisés.

Aussi, la première parole du maire fut pour excuser leur absence et leur envoyer un souvenir ému.

La gravité exceptionnelle des circonstances commande de ne traiter que des affaires urgentes ; et, quand divers secours extraordinaires (1) sont votés aux familles qui vont se voir dans la nécessité par suite de la mobilisation ; — quand le compte administratif du maire et le compte de gestion du receveur municipal pour l'exercice 1913 sont approuvés ;

(1) Cinq mille francs.

— quand le budget de 1914 est adopté, et qu'il est, enfin, statué sur diverses demandes d'assistance à des familles nombreuses, le maire, M. F. Bacot, appelé par le devoir à la frontière, adresse ses adieux au conseil et remet à M. A. Grandpierre, premier adjoint, les destinées de la ville de Sedan. — Les deux adjoints (1), et les douze conseillers présents (2) serrent la main au maire qui lève la séance.

* * *

Quelques jours après, le 13 août, l'assemblée communale entend la lecture d'une lettre préfectorale demandant au conseil de prendre sans retard les mesures suivantes afin d'assurer la rentrée et le battage des moissons et de sauvegarder les récoltes futures :

1° Faire l'inventaire de la main-d'œuvre agricole et industrielle existant dans chaque commune, et susceptible d'être employée aux travaux agricoles. (Ceci désignait les hommes non-mobilisés, les femmes et même les enfants) ;

2° Répartir cette main-d'œuvre sur le territoire de la commune, de manière à préserver les récoltes de tous les administrés, et, en première ligne, les récoltes de ceux qui sont à la frontière ;

3° Rechercher, avec les propriétaires de machines de culture, le moyen d'utiliser ces machines sur le plus grand nombre de terres possible ;

(1) MM. A. Grandpierre et Massin. — Pour la facilité du récit, nous désignerons désormais M. Grandpierre avec le titre de maire, dont il remplit les fonctions avec un courageux dévouement au milieu des conjonctures les plus angoissantes.

(2) MM. L. Charpentier, député ; Bourdet, Nivoix, Gonthier, Lamoline, Dubois, Chouzy, Hélin, Servotte, Évrard, Remy et Porte. — Remarquons que, dès le premier jour, le Conseil est réduit à neuf membres ; ce qui tendrait à prouver la nécessité (tant que le service militaire est obligatoire), de ne pas prendre pour édiles des hommes sujets à être appelés sous les drapeaux. Une Assemblée communale se trouve, en effet, infiniment restreinte alors, et ses membres ne sont plus en nombre pour délibérer ni suffire à la tâche.

4° Faire voter, au besoin, par le conseil municipal les crédits nécessaires.

Le préfet signalait un mode louable adopté par certaines communes, à savoir : l'organisation d'un service de « bons de vivres », délivrés en nature aux habitants dénués de ressources ; et, comme moyen pratique, le dressement par le bureau de bienfaisance de la liste des personnes indigentes ou momentanément nécessiteuses, auxquelles seraient remis, au fur et à mesure des besoins, des bons leur permettant de se procurer chez les commerçants les denrées indispensables. Signés par l'administrateur, revêtus d'un cachet d'authenticité, ces bons serviraient de pièces justificatives aux fournisseurs pour obtenir le paiement de leurs marchandises, soit après la guerre, soit avant si les finances de la commune, toutefois, rendent la chose possible.

Ces dispositions semblaient bonnes ; mais pour Sedan même les travaux agricoles étaient en pleine activité ; la main-d'œuvre s'était bien organisée ; et, grâce au concours de tous, la moisson serait terminée, les blés se trouveraient entièrement rentrés, et les avoines fauchées aussitôt.

Le 20 août, c'était la date ultime, la veille de redoutables événements !

M. Vautelet déclarait qu'à elle seule la section du Fond-de-Givonne serait en mesure de garantir 700 à 800 quintaux de blé ; — quant aux subsides, ils étaient assurés aux malheureux par les œuvres communales, le bureau de bienfaisance et les sociétés privées, (notamment les fournaux économiques).

***

C'était la dernière fois que le conseil devait siéger avant l'occupation ennemie ; toutes ces mesures, toutes ces prévisions allaient devenir illusoires !

II

Bien des indices révélaient depuis plusieurs jours une inquiétante situation : aux beaux et bien entraînés régiments des premiers temps avaient succédé les troupes fatiguées de l'ouest et du midi ; le stationnement, téméraire et prolongé d'une nombreuse artillerie, *à découvert*, dans la prairie avait paru accuser une certaine indécision, un certain « flottement ». Puis les échos de la canonnade se rapprochaient ; dès le dimanche 23 août, les rumeurs préoccupantes s'accentuaient, et bientôt nous arrivaient les épaves de la défaite de Maissin... Allions-nous revivre, date pour date, les anniversaires de Beaumont et des revers qui suivirent ?...

***

Après la violation inique de la Belgique (1) la bourrasque fond, en effet, le mardi 25 août sur *Sedan*, où les Uhlans, dévalant de Fond-de-Givonne, pénètrent subitement vers huit heures et demie du matin ; on se fusille un peu partout, et les premiers éclaireurs ennemis qui se sont avancés jusqu'au Tribunal, paient chèrement leur audace : un fantassin, merveilleux tireur, les abat tous les trois (2).

Raconter ces journées des 25, 26, 27 août, n'est pas dans notre plan, et ce récit sortirait de notre compétence. Ce fut l'héroïque et très utile résistance d'une de nos divisions contre trois divisions allemandes, sur les hauteurs déjà célèbres de la Marfée.

(1) Contrairement à la Convention de La Haye, *signée par l'Allemagne*, convention proclamant *inviolable* le territoire des puissances neutres (Ch. Ier ; convention V, art. Ier).

(2) Voir notre premier volume, p. 10, 11, 12.

***

Les gestes militaires du 23 au 28 de ce mois sont résumés d'une façon extrêmement courte, mais précise, dans la deuxième livraison de la brochure allemande : « *Der grosse Krieg* » :

« L'armée du grand duc Albert de Wurtemberg, y lisons-nous, — armée qui s'avance à droite et à gauche de Neufchâteau (1) — a complètement battu, le 23 août, une armée française qui avait franchi la Semois. De nombreuses pièces de canon, des objets de campagne et des prisonniers, parmi lesquels plusieurs généraux, sont tombés entre nos mains. »

A la date du 27, le grand-quartier-général allemand disait :

« L'armée du duc Albert de Wurtemberg a poursuivi l'ennemi vaincu au delà de la Semois et a traversé la Meuse. »

Ainsi, ce que nous pensions devoir s'appeler peut-être une seconde Bataille de Sedan est consigné en quelques lignes, qui montrent que ces engagements furent, en réalité, un ensemble ou une succession de mouvements dont « l'aboutissement » est encore indiqué dans cette simple mention du même grand-quartier, en date du 28 août :

« Au sud-est de Mézières, nos troupes ont traversé la Meuse sur un large pont après des combats ininterrompus (2). »

Et, de fait, les Allemands purent croire alors au succès de « l'attaque brusquée, foudroyante » : dans les premiers jours de septembre — cinq semaines après la déclaration de guerre ! — ils étaient à *Meaux* !...

C'était 1870 qui recommençait.

Dans de bien autres proportions que quarante-cinq ans plus tôt, d'horribles drames couvraient déjà notre France de décombres et de morts.

(1) Belgique ; province de Liège.

(2) « Der grosse Krieg », « *la grande Guerre*; » 2me livraison; « Grosses Hauptq.» 28 august. (W. B.)

Heureusement la victoire de *Châlons*, (d'autres la nomment : *de la Marne*) fera reculer l'étranger, alors qu'il se trouvait déjà à moins de 40 kilomètres de Paris ; mais nous devions demeurer prisonniers dans les Ardennes, opprimés par l'envahisseur, sevrés de toutes nouvelles !... Le sang coulerait à flots ; les blessés afflueraient à Sedan ; et, à la pensée que, *de l'autre côté*, il en était fatalement de même, nous compatirions profondément aux douleurs de tous ceux que les fureurs des batailles meurtriraient dans leurs plus chères affections ! Malgré le silence dont on voudra nous envelopper sur toutes choses, il se glissera, en effet, assez de lumière dans notre prison, et la vérité s'y fera suffisamment jour pour que nous sachions, à n'en point douter, l'accomplissement d'hécatombes humaines, telles qu'on n'en vit jamais !

Reconnaissons ici qu'en dépit de « l'encerclement » où ils étaient tenus, les Sedanais — à quelques exceptions près — gardèrent une robuste confiance ; jamais (la suite de notre récit en fait foi dans le premier volume de cette douloureuse histoire) jamais ils ne doutèrent du succès final pour la France, à ce point qu'ils lisaient, avec une sceptique curiosité, les dépêches affichées à la commandanture. Ils gardaient au cœur une indéfectible espérance.

***

Aux journées angoissantes des 25 et 26 août allaient en succéder bien d'autres, très dures et très amères (1) !!

M. Grandpierre était, le soir du mercredi 26 août, sous le péristyle de l'Hôtel de ville lorsqu'une automobile, arrivant à grande allure, s'arrête devant lui : un officier allemand en

(1) Nous avions été témoins du triste exode d'habitants de villages voisins ou de localités belges, fuyant devant le fléau de l'invasion ; nous arrivant avec des vieillards et de petits enfants entassés sur des chariots, pêle-mêle avec les épaves d'un minable mobilier, à grand'peine soustrait à l'incendie, au pillage ;.. puis stationnant, pâles et défaits, sur nos places, quand quelque maison hospitalière n'avait pu les recueillir !...

descend et demande : « *Monsieur le Maire ?* » — « *C'est moi-même.* » répond M. Grandpierre.

L'officier exige la livraison immédiate de six tonnes d'avoine : — « *Vous n'ignorez point*, réplique le maire, *qu'une partie considérable de l'armée française a passé avant vous, et je doute fort que l'on puisse y trouver ce que vous réclamez. Peut-être y aurait-il quelque chose aux magasins à fourrages ; mais je l'ignore...* »

L'Allemand fait alors monter M. Grandpierre dans l'automobile et l'on se dirige vers Torcy ; il y a, de ce côté, encombrement ; le maire dit au chauffeur de stopper un instant et interroge un passant pour savoir si l'on peut prendre à droite et gagner facilement les « fourrages. » Sur son affirmation, il donne cette indication au chauffeur; mais soit qu'il ait eu quelque défiance, soit qu'il ait conçu un autre dessein, l'officier fait pointer sur la gare et enjoint au maire de l'attendre sur le quai, d'où M. Grandpierre se rend compte que la bataille dure encore sur les hauteurs de la Marfée.

Un long temps s'écoule ; enfin, l'Allemand reparaît, s'informe s'il est aisé de gagner à pied le magasin et s'y rend avec M. Grandpierre qui se trouve flanqué de Uhlans, révolver au poing, et suivi d'une vingtaine d'hommes. Arrivé au but : « *Y a-t-il*, questionne l'« offizier », *quelques soldats français cachés ici ?* » — *Comment supposer*, répond le maire, *que des soldats français aient pu rester là* » ? — Par un de ses hommes muni d'un pieu, l'Allemand fait enfoncer un volet, et par la fenêtre on pénètre dans le vaste « hall » ; de Français, aucun ; mais d'avoine nullement !

L'officier fait mine de se fâcher. Sans se départir de son calme, M. Grandpierre rappelle qu'il ne lui a rien garanti ; et cette pénible odyssée du premier magistrat municipal se poursuit... L'on s'achemine de nouveau vers l'Hôtel de ville. L'escorte serre le maire de tout près : « *Je vous connais bien, Monsieur Grandpierre, lui glisse tout-à-coup un des Allemands.* » — « *Si vous me connaissez*, riposte le maire, *vous pourriez faire alors un peu moins de zèle !* »

Il est tard lorsqu'on se retrouve sur la place Turenne. — Quoique gardé à vue, M. A. Grandpierre peut faire signe au secrétaire, M. H. Hubert, et au commissaire de police.

L'officier réquisitionne « tout ce qu'il y a dans les épiceries et les boulangeries. » Et pourquoi se gênerait-il ?... Des instructions sont passées aux boulangers et épiciers qui, dans les ténèbres, (car les conduites du gaz ont été coupées pendant la bataille), apportent sur la place, à la maigre et tremblotante lumière de falots ou de lanternes, une certaine quantité de denrées disponibles. M. M. Foucher peut fournir de l'avoine, et l'inventaire de ces différentes choses est dressé par le même officier qui remet un bon de réquisition au maire et lui donne la liberté de regagner enfin, après tant d'émotions et de fatigues, son domicile : il est onze heures et demie.

La même nuit, à quatre heures, des Allemands, baïonnette au canon, viennent rechercher M. Grandpierre, et le conduisent de la rue Carnot à la mairie (1). Nous sommes au jeudi 27 août : vers dix heures du matin, l'autorité allemande prend officiellement possession de la ville ; elle installe ses bureaux à la mairie ; et une proclamation d'investissement, signée du généralissime, met la municipalité en demeure de verser une somme de deux cent mille francs en or, dans les vingt-quatre heures, c'est-à-dire pour le lendemain à midi.

Convoqué d'urgence, le conseil reçoit ces communications par le premier adjoint, M. Grandpierre, à qui tous pouvoirs sont remis en vue de faire face à cette lourde charge et d'éviter de néfastes mesures. — L'émission de papier-monnaie, ayant cours forcé, est, comme en 1870-71, décidée afin de permettre le remboursement aux prêteurs des sommes avancées.

(1) Ainsi, le 15 septembre 1870, M. A. Philippoteaux, maire, avait été mené de chez lui (rue du Ménil) à l'Hôtel-de-Ville, sous la garde de fusils prussiens sous prétexte d'une réquisition inexécutée dans le délai assigné ! (Voir, dans nos *Souvenirs sedanais*, le récit de cette arrestation ; série 5me, p. 183 à 193.)

***

Le Conseil se composait ainsi :

Présents : MM.	A. Grandpierre, premier adjoint ;	
	Massin, deuxième adjoint ;	
	Pime-Godron,	
	Bourdet,	
	Richard,	
	Gonthier,	
	Lamoline,	
	Dubois,	
	Hélin,	
	Porte	10
Mobilisés :	Frédéric Bacot, maire, lieutenant d'artillerie R.	
	Edmond Weill, lieutenant d'infanterie.	
	Léon Evrard, génie.	
	Froumy, artillerie.	
	Hansquine, soldat à Mézières.	
	Remy, infanterie.	
	Jean Stackler, lieutenant de chasseurs à pied R.	
	Riquoir, territoriale.	8
Décédés :	Renvoy,	
	Nouviaire	2
Démissionnaire :	Wilmet	1
Partis :	L. Charpentier, député à Paris.	
	Nivoix,	
	Chouzy,	
	Hilaire,	
	Servotte,	
	Vautelet.	6
		27

***

Le flot allemand coule sur nous : c'est l'inondation, la submersion rapide que nous avions toujours redoutée, et nous ne serons que trop bien renseignés quand nous apprendrons que la cavalerie ennemie pousse même au-delà de Meaux, et que notre gouvernement s'est transporté à Bordeaux !

III

Douze otages sont consignés au cercle, le 28 août, de midi à sept heures ; d'autres leur succèdent, et ce pénible roulement va s'établir (1).

La population est calme et digne.

Cependant, voici que, dans la soirée du 30 août, une fusillade, vive et prolongée, éclate à travers nos rues. Que ce passe-t-il ?... Un vrai danger paraît nous menacer. Les balles sifflent, percent des volets, des persiennes... Le bruit que nous ne pouvons contrôler — internés que nous sommes dans nos maisons — se répand que deux prisonniers français auraient voulu s'évader du quartier Fabert où ils étaient retenus, et l'on tire sur eux, au hasard, dans l'obscurité, et contre les fenêtres dont les lumières ne s'éteignent point assez promptement. Le capitaine Badilly est lâchement tué.

Le lendemain, l'émotion est grande en nos rues où s'effectuent d'incessants passages de troupes.

Par suite des incidents de la nuit du 30 au 31 août, *Sedan* est requis de payer, avant le 2 septembre à midi, une somme de 500.000 francs ! Le conseil en délibère : il délègue MM. Grandpierre et Massin pour négocier au mieux avec l'autorité alle-

(1) Voir notre chapitre : *Les Otages.*

mande (1), et arrêter qu'il sera émis encore des papiers-monnaie à cours forcé pour le remboursement partiel de cette somme considérable.

Comment sera-t-il satisfait à une pareille exaction ?... On se le demande avec une légitime perplexité. — Dans la journée, il est dit qu'une partie de la contribution sera réunie en numéraire et en billets, et que l'ennemi réclame le solde en titres; — le 2, l'imposition n'est pas encore couverte ; enfin, il est donné satisfaction aux Allemands.

***

Dès lors, les semaines, puis les mois vont nous apporter des tristesses, des préoccupations, des douleurs grandissantes ; des tortures morales croissantes, en attendant que des deuils nous soient révélés !...

Au milieu des imaginations folles qui se donnent libre carrière, quelques rumeurs exactes, tels : la défaite des Prussiens, leur écrasement dans la Marne, le dégagement que nous dirons miraculeux de Paris, le recul prodigieux de l'adversaire décontenancé ; — tel encore cet écho d'une défaite de la flotte allemande, défaite dont la confirmation ne nous parviendra que beaucoup plus tard et que nous saurons avoir été essuyée à Héligoland par la marine impériale ;... telle, l'entrée de Briand, Delcassé, Ribot et Millerand au ministère.

(1) Comte de Beroldinger, colonel. — La Commandanture fut quelques jours place Turenne, au café des Socquettes, avant de prendre possession du Palais de Justice. En 1870, elle eut son siège au Château (à la citadelle).

Nous eûmes à Sedan quatre Commandantures :

1re Mobil. Etappen Kommandantur, Sedan ;

2me Etappen Kommandantur, Sedan-Land ;

3me Wirtschaltsausschuss ;

4me La Bahnhofskommandantur, la commandanture de la Gare ou du Chemin de fer. Et n'omettons pas de mentionner la : Kriegsbeutedirektion, la Direction du butin de guerre ! — Les Prussiens n'oubliaient rien !...

*
* *

Tandis que fonctionnaient les divers services pour lesquels la municipalité faisait appel au dévouement et à la compétence des uns (1), à l'abnégation des autres (2), à la bienfaisance de tous (3), le conseil municipal était sommé par la commandanture de remettre, du moins partiellement, en état *le pont du chemin de fer de Bazeilles* : le tablier métallique obstruait la Meuse, et il y avait mise en demeure de rétablir le cours normal du fleuve, — sous peine d'une amende de 2,000 marks pour chaque journée de retard.

Ainsi le rétablissement du pont de Villette avait été la source, pour le vaillant conseil municipal de 1870, des plus graves ennuis.

Le premier adjoint fut assez heureux pour persuader à l'autorité allemande que la chose était impossible, et mainlevée de l'ordre fut donnée.

Le beau *Pont-Neuf* avait été malheureusement détruit : de ses piles sautées résultait un soulèvement du niveau de l'eau, et il y avait danger d'inondations dans le quartier de la rue Blanpain. Le maire multiplia les démarches et obtint de la commandanture la permission de prendre les pierres de ce pont pour refaire les parapets du *Pont Saint-Vincent-de-Paul*, cruellement endommagé : tout engorgement serait, de la sorte, évité.

(1) Pour le réapprovisionnement et le ravitaillement de la population.

(2) Les Otages. — Les interprètes méritent sans contredit une mention des plus honorables. Toujours à leur poste, MM. Léon Bouvier ; Paul Laroche, professeur au collège Turenne (décédé en 1918, otage à Vilna) ; Louis Metzger ; Charles Rouy, Wahart, ont rendu, ainsi que M. Ch. Ritter, en maintes conjonctures, d'inappréciables services dans leur rôle qui demandait tant de tact, de doigté, de constance ; et ils ont droit à la gratitude de leurs concitoyens, comme, en 1870, MM. Beucken, Humann et Kistemann.

Autour de l'infatigable directeur du secrétariat de la mairie, M. Hubert, il nous faudrait citer aussi plusieurs membres des bureaux de l'Hôtel-de-Ville, assidus et laborieux à leur poste.

(3) Les Fourneaux économiques ; les Commissions de secours et de prêts, etc.

***

En sa séance du 22 septembre, les dix membres de l'assemblée communale décident de confier à M. Ad. Benoît, minotier à Sedan, le soin du recolement du blé, en lui facilitant le libre parcours par un sauf conduit qui serait sollicité de la commandanture. — Aucun choix n'était meilleur, ni plus indiqué, par la compétence toute spéciale et la haute situation de M. Benoît, comme président de la Chambre de Commerce : il avait déjà largement fait ses preuves ; il allait les faire encore et rendre avec M. Foucher, de signalés services.

Vu la nécessité urgente d'étendre les secours aux indigents, le nombre des portions journellement délivrées par la ville aux fourneaux économiques est porté de 750 à 1.200 francs et l'on subventionnera largement cette œuvre si opportune.

Avis est passé à la population d'avoir, sur demande expresse de l'administration civile allemande, à déposer sans retard à la commandanture les armes et spécialement les fusils de chasse qui pourraient encore rester chez les particuliers.

***

Deux autres questions attirent, le 30 septembre, l'attention municipale. D'abord : la situation, qui peut devenir fort difficile, des femmes et des enfants de militaires actuellement sous les drapeaux ; et M. Cousin n'est que l'interprète de la pensée générale, dans la lettre qu'il adresse sur ce point au conseil : la création d'une commission de secours, qui réunirait les fonds nécessaires ; s'occuperait — tandis qu'on le peut encore, de l'achat d'objets de première nécessité, et obtiendrait de la commandanture que ces provisions ne fussent pas requises ; cette motion est jugée chose excellente, et il y sera donné la suite que nous dirons ailleurs.

Quant à la constitution d'un autre comité ayant mission de protéger les maisons, les fabriques et magasins de draps ou de laines, appartenant à des habitants qui ont quitté la ville dans des conditions que nous n'avons point à apprécier, ce ne peut être et ce ne sera, en réalité, qu'une mesure, hélas ! toute platonique !

***

L'approvisionnement de la ville en blé — partant en farine — vient à l'ordre du jour de la séance du 10 octobre : c'est bien en effet, la source de préoccupations qui ne feront que grandir, à mesure que le temps marchera.

Avec M. Beneît, M. Grandpierre a fait aux moulins des relevés quotidiens, et chaque fois ils ont dû constater, tous deux, des diminutions. Le premier adjoint a saisi la commandanture de cette affaire capitale ; il est en instance pour obtenir une première fourniture de 100 quintaux de farine, car il est essentiel d'aider au ravitaillement de la population, dans une mesure convenable et suffisante.

Le major Heyn invite, il est vrai, la municipalité à écrire au Gouvernement français pour lui exposer la situation et lui demander même le droit de réquisition dans les communes voisines ; mais on ne voit pas bien la solution que notre gouvernement pourrait donner à une semblable requête ; et le Conseil répond à la Commandanture qu'en raison de l'exiguité des ressources respectives des communes il n'est pas possible d'exiger le droit de réquisition (1).

D'autre part, « l'Inspection d'Etape » ayant réclamé la liste des personnes malheureuses à secourir, le Conseil sollicite de cette Inspection un secours (en pain), ce qui aiderait un peu à l'approvisionnement. Et si l'autorité allemande manifeste certaine bienveillance à l'égard des communes productrices du blé, pourquoi des dispositions analogues ne seraient-elles

(1) Les communes n'avaient de ressources que pour 70 jours environ.

pas observées vis à vis de la cité sedanaise sur laquelle pèsent de si lourdes charges ? Sedan ne produit pas de blé ; il y a donc lieu de rechercher le moyen d'en mettre à sa disposition pour alimenter sa population assurément méritante. Quoi de plus équitable que d'être autorisé à acheter dans les communes suburbaines et de faire moudre aux moulins de Sedan, sous le contrôle de la municipalité, une quantité journalière de 35 quintaux de blé donnant 25 quintaux de farine ? Quoi de plus juste, encore, que de laisser entrer librement en ville six têtes de bétail (bœufs ou vaches) ? Ce serait le minimum nécessaire à l'alimentation de la place, et le contrôle serait aisément exercé aux abattoirs sedanais, seul endroit désigné par les règlements pour l'abattage. — Nous verrons la suite donnée à ces légitimes desiderata.

* * *

Cependant l'hiver se tenait à nos portes dans des circonstances extraordinairement alarmantes. Tous les ateliers étaient fermés, le nombre des nécessiteux s'accroissait de toutes ces familles qui, vivant en temps normal du produit de leur honnête labeur, se trouvaient dépourvues de ressources : le Conseil vote au Bureau de Bienfaisance une subvention de 15.000 francs sur les fonds libres de l'exercice en cours, pour de premiers subsides à distribuer, et, le 25 novembre, s'inspirant des exigences de la situation, il ne marchande pas un surplus de 17.000 francs avec majoration des secours aux personnes plus éprouvées encore.

Mû sans doute par un sentiment de fraternité ou de solidarité, le Conseil prêta l'oreille à l'appel des communes de Frénois, Glaire et Illy.

La première, obligée de venir en aide aux foyers privés de leur chef mobilisé, avait décidé qu'il leur serait distribué, en bons de pain, de viande et de denrées de première nécessité,

500 francs, prélevés sur l'excédent du Budget supplémentaire de l'exercice courant, et que 1.000 francs en bons de 1, 2 et 5 francs, seraient remis à titre d'indemnité aux salariés de la commune et aux habitants réquisitionnés par les autorités militaires et civiles pour les diverses corvées. Mais la commune se venait heurter à des difficultés pratiques pour l'émission de ces coupures, et elle priait le Conseil de Sedan de lui prêter 1.500 francs en coupons et papier-monnaie.

La seconde (Glaire) introduisait une requête analogue motivée par la même obligation d'alimenter ses habitants si cruellement atteints les 25 et 26 août : elle s'engageait à rembourser, après la guerre, ce prêt avec des garanties suffisantes.

Enfin, la troisième (Illy) sollicitait un prêt de 1.000 francs.

Le Conseil municipal accéda à cette triple demande d'emprunt, en papier-monnaie, remboursable dès la paix faite, et généreusement, il stipula que c'était sans intérêts. Mais il ne lui était, évidemment, pas possible de répondre tout de suite, dans sa teneur, à l'instance d'industriels de Vrigne-aux-Bois pour un emprunt de 12.000 francs à la ville de Sedan, afin de payer et, au besoin, d'aider leurs ouvriers : c'était là une affaire toute privée ; et le Conseil de Sedan déclara, très justement, qu'il ne pouvait traiter de cet emprunt que par l'intermédiaire de la municipalité de Vrigne-aux-Bois, laquelle serait en nom, les industriels se portant caution.

Comme le poète, les Sedanais souhaitaient de la lumière. Or, ils étaient menacés d'en manquer : huile et pétrole devenaient extrêmement rares, certains ménages en étaient même déjà dépourvus ; et l'on était inquiet par rapport au gaz ; car la compagnie ne pouvait plus s'approvisionner en charbon. Le directeur recourut, en cette extrémité, aux soins et à l'intermédiaire de l'autorité allemande, pour en obtenir de Sarrebrûck ; heureusement, celle-ci était intéressée elle-même à la chose; car nombre d'officiers logeaient dans la ville, exposée à se trouver dans les ténèbres. Mais les frais d'exploitation seraient forcément majorés, et la municipalité fut contrainte d'augmenter provisoirement le prix du mètre cube de gaz et de le porter à 0 fr. 30... A la guerre comme à la guerre.

***

D'autres points, plus graves encore, vinrent à l'ordre du jour de la séance du 17 novembre.

Depuis l'occupation, caisses publiques, établissements de crédit étaient fermés ; on ne touchait plus ni salaires, ni appointements, ni coupons, ni arrérages de pension, ni effets, ni loyers : c'était bien l'égalité, la véritable égalité dans la gêne et la pénurie. La vie financière, commerciale, était suspendue ; et, par le pillage, sans précédent, de toutes les usines en matières premières, en produits fabriqués, en matériel, les Allemands s'appliquaient à paralyser toute reprise, sinon à ruiner les patrons, partant à mettre aux abois la population laborieuse.

Tous s'émurent d'une pareille extrémité ; et d'accord avec la municipalité, il se constitua, dans de très louables conditions, une société civile de prêts, dont nous expliquerons le fonctionnement et le règlement en un autre chapitre.

***

Panem !... c'était le cri des Romains demandant du blé au Forum ; c'était celui des Sedanais en cette autre année terrible de 1914-1915. De l'alimentation le Conseil avait, il faut le dire, un vigilant souci, et faisait pour le mieux au sein de mille difficultés. Il votait, par exemple, un crédit supplémentaire de 6.000 francs aux fourneaux économiques, reconnaissant l'efficacité des secours délivrés par cette excellente œuvre. Il livrait à l'Hospice civil, en prévision des services et des besoins de l'hiver, 25.000 kilos sur les pommes de terre laissées par l'autorité militaire à la pleine disposition de la ville ; et l'un de ses membres, M. Lamoline, se renseignait, auprès de la municipalité de Charleville, sur divers modes par elle adoptés et suivis pour l'alimentation. N'y avait-il pas là des indications utiles, des procédés dont on pourrait profiter ?

Ainsi l'on apprit que, dans la cité voisine de la nôtre, le chef de l'abattoir était chargé d'acheter le bétail au compte de la commune dans un rayon de 20 kilomètres ; qu'il le payait soit en espèces, soit avec un reçu signé d'un membre de la Commission, délégué *ad hoc* ; et que les bouchers se ravitaillaient à l'abattoir pour leur clientèle.

Ainsi, la ville achetait les farines (blanche et grise) à raison de 60 francs les 100 kilos aux Allemands et distribuait 26 sacs pour 12.000 habitants : jusqu'au milieu de novembre, la farine avait été payée 38 marks, et le pain vendu 20 centimes la livre à raison de 250 grammes par tête, chaque famille ayant reçu une carte portant le nombre des rations et le nom des boulangers. Ce stock épuisé, le pain serait livré plus cher en proportion du prix de la farine.

Quant aux autres denrées, leurs conditions de vente étaient les mêmes qu'à Sedan.

Ainsi encore : il était distribué quotidiennement aux habitants civils un chiffre de rations des Fourneaux économiques sensiblement le même que chez nous (1), et en prévision d'un hiver rigoureux, en tout cas très pénible, la Commission avait fait confectionner et mettre prudemment en réserve 200.000 kilogrammes de choucroûte.

Si Charleville n'avait pas été frappée d'une contribution de guerre, elle était obligée de servir aux Allemands, tous les jours,

(1) Il convient d'observer que Charleville a une autre manière que nous de compter : ainsi nous appelons une ration : bouillon, viande, légumes et pain ; — nos voisins estiment ces quatre objets pour quatre rations, ce qui ferait donc six mille rations, par exemple, à Charleville, pour mille cinq cent rations à Sedan.

1.500 kilos de viande ; 350 à 400 litres de vin et 250 kilos de lait.

La ville n'était pas soumise, comme Sedan, à cette mesure draconienne et vexatoire, de fournir des otages ; mais tels les membres de notre Conseil municipal de 1870, tels les membres de la courageuse commission municipale caropolitaine (le maire de Charleville étant parti), se portaient garants, en cas de besoin.

Enfin, les réquisitions militaires s'effectuaient directement chez les commerçants à l'aide de bons passés en blanc par le maire, obligatoirement et régulièrement signés ou estampillés par les officiers.

Après cette communication importante, le Conseil municipal — (que nous pourrions appeler le Conseil des Dix) avisait à ce que des fournisseurs ne s'autorisent point des événements pour majorer leurs prix.

V

Il faut rendre à la Commandature cette justice qu'elle prenait, dans le début, souci du manque de vivres au sein de la population. Le 24 novembre, elle informait la municipalité de l'opportunité d'adresser une requête au gouvernement helvétique afin de remédier à un état de choses alarmant ; elle évoquait à l'appui de cette idée l'assistance généreuse de la Suisse à la ville de Strasbourg en 1870-71 ; et l'opposition britannique à toute importation de denrées par mer. Elle ajoutait que le gouvernement allemand ferait le nécessaire pour que les demandes des communes fussent transmises à la Suisse, à laquelle serait donnée l'assurance formelle que ces denrées alimentaires seraient exclusivement consacrées aux besoins des populations. — Le Conseil entra, par son vote du même jour, dans la voie qui lui était ainsi ouverte.

***

Cependant, une seconde instance était introduite auprès de notre Conseil, cette fois en des termes réguliers, par un Comité organisé à Vrigne-aux-Bois, sous la présidence de M. L. Tillet : son but était de faire des avances à des retraités ouvriers ; aux assistés obligatoires ; aux personnes de l'assistance-retraite, et aux familles nombreuses : avances faites selon certaines conditions définies et avec un *quantum* prévu pour chacune de ces quatre catégories.

A la ville de Sedan, la commune de Vrigne-aux-Bois demandait donc un prêt de 12.000 francs solidairement remboursable par les seize membres du Comité. Notre Conseil municipal accueillit cette requête aux mêmes conditions qu'il avait agréé celles d'Illy, Glaire et Frénois, et en même temps, il vota un prêt de 4.000 francs à la commune de Floing, avec la garantie des notables ; un autre de 700 francs à la commune d'Iges avec la caution de 504 ares de réserve de bois ; et peu après, un autre de 2.000 francs à Villers-Cernay dont le maire et les conseillers municipaux se portaient responsables (1).

Renouvelant ses démarches pour le ravitaillement en viande, M. A. Grandpierre avait reçu de la Commandature la fixation du prix du bétail et l'avis que l'autorité militaire tenait essentiellement à ce qu'il fût passé par elle pour toute acquisition.

Mais, dans ce même ordre d'idées, c'est-à-dire des approvisionnements, il était extrêmement malaisé de se procurer de l'argent allemand pour le règlement des farines achetées par la ville, et pour l'achat des bestiaux nécessaires à la consommation sedanaise. On eut la pensée de prier une banque alsacienne, par

(1) Le principe de prêt ayant été admis, le Conseil prêta aussi à la commune de Givonne, le 6 janvier, 4.000 francs sous réserves, naturellement, des garanties indispensables et légalement exigées.

l'intermédiaire de la société Claude-Lafontaine, Prévost et Cie de Charleville, de nous ouvrir un crédit de 100.000 marks et l'on réclama le concours éclairé et constamment dévoué de M. Ad. Benoît, président de notre Chambre de Commerce, afin de mener au mieux cette affaire.

***

Les charges financières pour les meilleures et les plus pressantes raisons allaient se multipliant.

A la Caisse des Retraites des ouvriers de Sedan s'imposait manifestement l'obligation de payer à ses pensionnaires et demi-pensionnaires les arrérages échéant fin de l'année. Or, les ressources disponibles de cette Caisse (exactement 8.000 fr.) étaient insuffisantes ; son président, M. Benoît, se fit l'interprête du Conseil d'administration en sollicitant de la municipalité une avance de 7.000 francs, en bons-monnaie de la Ville, avance qui serait remboursée aussitôt que les intérêts échus sur la tête des sociétaires pourraient être encaissés.

La situation de cette Caisse si populaire, contrôlée, chaque année, par deux délégués du Conseil, était suffisamment connue : elle permettait de recevoir favorablement cette nouvelle requête ; c'est ce que fit le Conseil municipal, et ce sans intérêts.

VI

1915

L'hiver se passait ; et le Conseil s'efforçait de calmer la gêne, d'adoucir la misère.

Pour secours extraordinaires à attribuer en janvier 1915, il fut unanime dans le vote d'un crédit supplémentaire de 17.000 fr. au Bureau de bienfaisance ; simultanément il subventionna de nouveau les Fourneaux économiques de 6.000 francs.

Les Ateliers de charité étaient une œuvre éminemment actuelle, au moment où l'autorité allemande réduisait les équipes d'ouvriers jusqu'alors occupés à ses travaux. Le maire présenta un exposé motivé à la suite duquel 10.000 francs furent votés pour la réouverture de ces ateliers. Cette somme fut ensuite élevée à 14.117 fr. 50 pour témoigner de la sollicitude que l'administration avait à l'égard des ouvriers.

***

Urgence de réglementer la livraison du pain par une équitable répartition, et de rappeler aux boulangers leur devoir de livrer le poids exact, tels furent encore deux objets qui attirèrent l'attention de nos édiles en leur première séance de l'année 1915 ; mais celle du ravitaillement parut encore primer toutes les autres, et il fut convenu qu'un dossier relaterait la pénurie très grave de vivres pour Sedan ainsi que pour les communes relevant de la Commandanture, et serait adressé au major Heyn « aux fins d'être transmis par ses soins au gouvernement américain ». Nous verrons prochainement la suite.

***

Au fur et à mesure que le temps marchait, les charges s'alourdissaient pour tous et pour chacun.

Succombant sous le fardeau, les communes voisines frappaient encore à notre Caisse municipale et imploraient de nouveaux prêts :

Glaire et Villette, le 6 janvier (1er prêt)	1.500 fr.
Illy, le 15 janvier (2me prêt)	1.200 fr.
Illy, le 29 janvier (3me prêt)	2.000 fr.
Givonne, le 27 février (2me prêt)	2.000 fr.
Floing, le 13 mars (2me prêt)	4.000 fr.
Wadelincourt, le 13 mars (1er prêt)	1.500 fr.
Iges, le 13 mars (2me prêt)	700 fr.

A ces demandes le Conseil de Sedan accéda sous réserve de toutes les garanties légalement exigées ; mais les deux grosses affaires dont le souci pesa sur nos édiles en ce mois de janvier 1915 furent :

1° L'emprunt de 125.000 francs à la banque Luxembourgeoise (1) ;

2° L'obligation de verser à la Commandanture de Sedan la somme de 141.000 francs, à la date extrême du 5 février à midi.

Nous ne pouvons mieux faire que de publier ici le texte même des délibérations et décisions de notre assemblée communale en cette double matière.

La Banque internationale de Luxembourg avait formellement refusé de traiter soit directement, soit indirectement avec la municipalité de Sedan ; elle arguait, à juste titre, de la nullité pour vice de forme dont serait entachée la délibération de notre Conseil, laquelle, dans les circonstances présentes, ne pouvait être autorisée par la préfecture des Ardennes et n'engagerait nullement la Ville.

Le maire se vit alors obligé d'ouvrir des négociations sur d'autres bases : il fallait bien arriver au but d'un emprunt de 125.000 francs (100.000 marks) ; cette somme étant indispensable pour l'achat de denrées : combustibles, médicaments, aussi bien pour le ravitaillement que pour l'hygiène de la population. — Investi de tous pouvoirs et chargé de s'adresser tout d'abord aux personnes généreuses et dévouées qui, dès le 15 janvier, avaient consenti à se porter caution de la ville de Sedan pour la réalisation de cet emprunt, M. le Maire fit sans tarder toutes les démarches nécessaires et en rendit compte au Conseil dès le 20 du même mois.

Il annonça tout d'abord qu'il avait été heureux de rencontrer auprès des mêmes Sedanais les moyens de réaliser l'emprunt

(1) Emprunt consenti sous la garantie de personnes notables s'étant conjointement et solidairement engagées au remboursement aussitôt la réorganisation des services financiers.

comme le voulait la Banque de Luxembourg : « Une de ces personnes se porterait débiteur principal de l'emprunt, et les autres, au nombre de onze, seraient ses cautions ; et ce dans le but précis d'accomplir le désir exprimé par le Conseil en sa séance du 15 janvier. Ce désir, M. Grandpierre le rappela de la sorte au Conseil :

« Le ravitaillement de la population — ravitaillement de toute espèce que nous venons d'énoncer — ne pouvant se faire que par l'autorité allemande qui, comme paiement, n'acceptait expressément que les espèces en dehors des bons de la ville, le Conseil avait estimé que le moment était venu de se préoccuper pour la place d'un approvisionnement de ce numéraire. M. A. Benoit, président de la Commission de ravitaillement et de la Chambre de Commerce, s'était aussitôt employé à la réussite de ce dessein et l'on avait résolu, sous réserve de l'approbation de l'autorité supérieure allemande, de demander à la banque susdite de Luxembourg l'ouverture d'un crédit de 125.000 francs, à négocier, au mieux des intérêts communaux, par MM. Grandpierre, A. Benoit et N. Jacques, directeur à Sedan de la Société générale.

Les délégués de la ville, MM. Benoit et Jacques, allaient partir, lorsque M. Grandpierre reçut de notre Etappen-Commandantur une lettre, dont il put encore les saisir, en quelque sorte *in extremis*.

Selon la convocation du 19 courant, tous les maires des communes de l'Etape de cette Commandanture avaient eu connaissance d'une contribution de guerre destinée à couvrir les frais d'alimentation et de main-d'œuvre, et le maire de Sedan était tenu de verser à la dite Commandanture, au Palais de justice, la somme de *cent quarante et un mille francs* (terme de rigueur : 5 février.) Le maire aussi bien que tout habitant étaient solidairement responsables de ce paiement en temps voulu, si la commune ne consentait point à subir les conséquences graves de la non-exécution de cet ordre. »

Il n'était que trop facile de lire entre les lignes.

Les délégués sedanais eurent à chercher d'ores et déjà une nouvelle entente auprès de la Banque internationale de Luxembourg, afin d'arriver à la réalisation d'un deuxième emprunt de 141.000 francs. Heureusement, le service du Contentieux de cette société s'y montra favorable, aux mêmes conditions toutefois que celles qui avaient été déjà stipulées pour l'obtention à titre de prêt de 125.000 francs, c'est-à-dire la Ville de Sedan restant tout à fait étrangère dans cette affaire, et la banque connaissant une personne unique débitrice.

Il s'agissait donc d'un nouveau sacrifice : les mêmes Sedanais, auxquels leurs concitoyens doivent une profonde reconnaissance, l'effectuèrent encore en se portant : l'un débiteur principal, et tous garants.

La délibération prise, en conséquence, dans la délibération du 23 janvier, est mémorable :

Le Conseil scinda les deux questions et décida :

1° Un emprunt sur les bases rappelées plus haut de 100.000 marks ou 125.000 francs, applicable au ravitaillement, et ce suivant ses résolutions des 14 et 21 du même mois ;

2° Un second emprunt de 141.000 francs pour la contribution de guerre impérieusement exigée par l'autorité allemande.

Il spécifia que, dans ces opérations, le débiteur principal et ses cautions ne se substituaient que provisoirement, en raison des conjonctures exceptionnelles, à la ville de Sedan elle-même, uniquement intéressée comme représentant la collectivité des habitants et pour le ravitaillement, et pour l'imposition de guerre.

Enfin, le Conseil promit expressément, pour la Ville, de dégager le débiteur principal et ses cautions en se substituant à eux purement et simplement, dès que les circonstances mettraient Sedan à même de s'alléger en remplissant les formalités administratives d'usage, de façon à ce qu'en dernière analyse, le débiteur principal et ses garants — dont la présente intervention était pure obligeance, ne subissent aucun préjudice de quelque nature ou de quelque importance que ce pût être.

***

Dès le début de la semaine suivante, le maire était saisi, par l'Inspection d'Etape de Rethel d'une autre grosse communication se rattachant à cette imposition de 141.000 francs, et il en faisait part ainsi, le 29 janvier, à ses collègues :

« La contribution, versée par les Sedanais, comprenait, tout compte arrêté, des titres, actions ou obligations déposées en nantissement pour une valeur de 221.000 francs, et le surplus en espèces.

« Maintenant l'autorité allemande, malgré un traité *signé des deux parties contractantes*, veut impérativement que notre ville verse la totalité, c'est-à-dire 221.000 francs en numéraire.

« Il y a lieu d'être surpris, ajoutait le maire, de la modification apportée à un contrat qui devait exister au moins six mois (1), et j'ai expliqué au délégué de l'Inspection de Rethel toutes les garanties valables et indéniables que présentaient pourtant toutes les valeurs déposées... »

Après examen, le délégué avait rappelé qu'à la date du 5 février 1915, une 3me contribution de 141.000 francs incombait encore à Sedan, et il avait proposé, eu égard aux difficultés de négocier des titres, d'abandonner sur cette 3me imposition 41.000 francs, ce qui réduisait la somme entière à verser par la ville, au 15 février 1915, à 321.000 francs (2).

Le maire compléta encore son exposé au Conseil, puis le pria de délibérer : l'assemblée communale reconnut que M. Grandpierre avait agi pour le mieux dans ces pourparlers, décida le

(1) L'exigibilité avait été, d'un commun accord, et en vertu d'un Contrat écrit et signé par devant l'un des juges du Conseil de guerre, fixée à trois mois après la signature de la paix.

(2) 141.000 francs, ramenés à 100.000 fr.
et — — 221.000 fr.

321.000 au lieu de 362.000

versement de la somme exigée de 321.000 francs et conféra pouvoirs, à cet effet, à M. le Maire.

* * *

Cette pénible affaire n'était pas terminée : elle revint sur le tapis un mois plus tard.

Le 6 février, au cours d'une nouvelle entrevue, M. Grandpierre expliquait au même officier supérieur délégué que Sedan s'efforcerait d'être en mesure de satisfaire à la proposition du 27 janvier ; il demandait, en échange, l'assurance qu'aucun nouvel impôt de guerre ne frapperait la commune dans l'avenir...

Mais reproduisons ici le compte rendu officiel de la séance du 27 février 1915 : il consacre le souvenir précis de cette affaire, et il doit passer à la postérité comme un fait pouvant rivaliser avec les plus frappants exemples de la *foi punique* ; il faut le lire attentivement :

« Mon interlocuteur, dit le maire à ses collègues, mon interlocuteur m'objecta qu'un tel engagement ne pouvait être pris par l'autorité militaire allemande, qu'il serait d'ailleurs fort difficile, sinon impossible, d'en assurer l'exécution. Puis il ajouta que la *proposition* par lui présentée le 27 janvier *devenait* maintenant *une injonction* notifiée ferme à la ville de payer 264.000 marks pour le 15 février prochain.

« Toutes les démarches furent faites aussitôt pour pouvoir donner satisfaction. Plusieurs demandes furent adressées, en temps voulu, à la Commandanture à l'effet d'obtenir pour M. Jacques, directeur de la Société Générale, notre dévoué mandataire, le sauf-conduit nécessaire et indispensable pour se rendre auprès de la Banque internationale de Luxembourg. L'autorisation ne lui fut donnée que le 11 février, délai manifestement et matériellement insuffisant, ainsi que la Banque internationale de Luxembourg l'a certifié elle-même par écrit.

« Bien qu'informé de ce fait, l'autorité allemande n'en persista pas moins dans ses exigences, et fit savoir qu'en raison du retard apporté c'était, non plus la somme de 321.960 fr. 35 qu'elle exigeait, mais le surplus, c'est-à-dire les 41.000 francs qu'auparavant elle avait consenti à abandonner, ainsi qu'il a été expliqué dans la délibération sus-rappelée du 29 janvier 1915.

« Devant cette nouvelle mise en demeure et pour défendre en tous points les intérêts de la ville, je décidai à titre de protestation d'adresser le rapport ci-dessous à Monsieur le Major Heyn.

Sedan, le 13 *Février* 1915

Le Maire de la Ville de Sedan à
Monsieur le Major Heyn.

Commandant,

J'ai l'honneur et je m'empresse de vous exposer ci-après les raisons de faits qui ont forcément différé jusqu'au 19 *courant le paiement*

1° *De* 332.000 *francs qui nous était primitivement réclamé ;*

2° *Celui de* 41.000 *francs qui nous est imposé aujourd'hui.*

31 *janvier.* — 4 *heures du soir, remise des sauf-conduits pour Luxembourg à MM. Jacques et Lanson, délégués.*

1er *février.* — *Dès huit heures du matin, les sauf-conduits sont retirés pour la raison que l'Inspection d'Etappe s'oppose à toute délivrance de sauf-conduits et qu'un nouvel avis sera ultérieurement donné aux intéressés.*

6 *février.* — *Au cours d'une démarche faite par MM. Jacques et Antoine à* 6 *heures du soir, il leur a été dit que les sauf-conduits étaient à la disposition des délégués.*

7 *février.* — *Sur la déclaration reçue la veille, MM. Jacques et Lanson se sont présentés quatre fois à la Commandanture pour obtenir les sauf-conduits promis ; lors de leur dernière démarche, vers* 6 *heures du soir, il a été déclaré par M. Alexander que M. le lieutenant Muller ne pouvait pas encore délivrer les sauf-*

conduits, parce qu'il devait en référer à l'Inspection de l'Etape. M. Jacques a été invité par M. Alexander à revenir le mardi.

9 *février. — Ce jour M. Jacques à trois reprises différentes a été invité à se représenter à la Commandanture, l'autorisation ne venant toujours pas, puis finalement a été renvoyé au lendemain* 10 *février.*

10 *février. — A* 6 *heures du soir, MM. Jacques et Lanson, lors d'une nouvelle démarche, ont été avisés par M. le lieutenant Muller qu'ils devraient en toute éventualité préparer leurs valises, afin de partir le* 11 *et de se présenter ce jour à la Commandanture pour être définitivement fixés.*

11 *février. — Les sauf-conduits ont été délivrés à* 10 *heures du matin seulement et le départ pour Luxembourg a eu lieu à* 10 *h.* 48. *Le* 11 *février après-midi, les délégués se présentaient à la Banque internationale de Luxembourg pour savoir si cette banque consentirait à élever jusqu'à* 322.000 *francs le crédit précédemment consenti. En même temps qu'une réponse affirmative, la Banque de Luxembourg remettait au délégué de la ville une demande d'ouverture de crédit de* 264.000 *marks à soumettre à l'approbation de l'obligé principal sedanais et à ses cautions. Cette demande régularisée sera remise par M. Jacques à la Banque de Luxembourg, lors du nouveau voyage, qu'il se propose de faire le plus tôt possible, c'est-à-dire mercredi prochain,* 17 *février. De l'ensemble de ces faits, aussi précis que véridiques, il résulte manifestement que le retard dans l'encaissement et dans le paiement de la somme de* 322.000 *francs ne peut être en aucune façon imputé à la ville de Sedan qui, dans cette circonstance, comme dans les précédentes d'ailleurs, a fait preuve de bonne volonté.*

La nouvelle réclamation de 41.000 *francs ne peut être en ce cas considérée que comme une pénalité en raison d'un retard dont, en fait comme en droit, la ville de Sedan ne devrait être responsable.*

Signé : A. GRANPIERRE.

Pour réponse, l'Autorité militaire allemande convoqua les 180 otages, le lendemain mardi, à six heures du soir, à l'Hôtel-de-Ville et, sans autre explication, confirma son ordre, mettant la ville en demeure d'avoir à payer, dans un délai de 8 jours, la somme totale imposée, plus les 41.000 francs, précédemment abandonnés, alléguant pour motif que c'était en raison des mauvais traitements infligés par la France aux officier allemands prisonniers de guerre, envoyés au Maroc, déshabillés, puis revêtus d'un pagne, obligés de travailler sous la direction des noirs ;

Qu'encore et malgré les représailles qui pourraient en résulter, la Commandanture de Sedan ne voulait aucunement les exercer, — mais, récapitulant, exigeait alors le paiement des 41.000 francs antérieurement abandonnés et une réquisition de 1.500 toiles à matelas, — 4.000 seaux ou brocs — et 800 couvertures.

C'est donc, en dehors de ces réquisitions en nature :

1° Une somme de	fr.	221.963,35
2° —	fr.	100.000
3° —	fr.	41.000
Ensemble	fr.	362.963,35
Soit	marks.	290.370,68

somme qui, en majeure partie, a été trouvée, grâce à une nouvelle intervention du groupe de Sedanais de bon vouloir.

Sur ces explications et après discussion, le Conseil municipal, à l'unanimité, décide et spécifie derechef que, pour les 264.000 marks qui ont pu être mis à la disposition de la Ville auprès de la Banque internationale de Luxembourg, tout comme pour l'ouverture de crédit de 100.000 marks précédemment obtenu auprès de cette même banque, celui des Sedanais figurant comme débiteur principal et ses cautions ne seront que provisoirement et en raison des circonstances substitués à la ville elle-même, uniquement intéressée comme représentant la collectivité des habitants pour le ravitaillement, la liquidation du reliquat du 2 septembre 1914 et le paiement de la nouvelle contribution de guerre du 20 janvier 1915 ;

Prend l'obligation pour la ville de Sedan de dégager le débiteur principal et ses cautions en se substituant à eux, purement et simplement, dès que les circonstances permettront à la Ville de s'obliger en remplissant les formalités administratives d'usage, de façon à ce qu'en fin de compte le débiteur principal et ses cautions dont la présente intervention est de pure obligeance, ne subissent aucun dommage ni préjudice de quelque nature ou de quelque importance qu'ils puissent être.

Tout commentaire serait superflu : qu'on lise et que l'on juge combien nous avons souffert, et comme nous étions écrasés !...

***

Malgré ces soucis qui semblaient dans le moment primer tous les autres, il fallait bien pourvoir à de multiples et pressants besoins.

Ainsi, le personnel enseignant des écoles de la ville, privé de traitement depuis le mois de juillet, et voyant ses ressources particulières s'épuiser, s'adressait au Conseil pour en obtenir une gratification ; — l'Inspecteur primaire, M. Boileau, se faisait l'avocat de cette cause dans un Rapport où il établissait la situation de l'instituteur et des treize institutrices du dehors, auxquels il avait recouru pour la réouverture des établissements scolaires de Sedan. Le Conseil ne pouvait faire droit aux requêtes présentées, mais il émit le vœu qu'il y fût donné toute satisfaction par la Société civile de prêts qu'il avait reconnue le 17 novembre 1914 et à laquelle il fit un nouveau prêt de *soixante mille francs*, le 13 mars.

C'est ainsi qu'il subventionnait encore :

1° de 12.000 francs, l'œuvre des *Fourneaux économiques*, dont les circonstances démontraient l'opportunité, ou plutôt la nécessité de plus en plus grande ;

2° de 17.000 francs, sur avis favorable de la commission, le *Bureau de bienfaisance*, pour secours extraordinaires à répartir ;

3° de 10.000 francs : les *Ateliers de charité* pour continuation de travaux, moins utiles peut-être en eux-mêmes que nécessaires à la population ouvrière ;

4° de 350 francs (nouveau crédit) : la *Caisse des écoles pour subsides* aux enfants indigents, fréquentant ces institutions.

*
* *

La mise en demeure, impérieuse, de procéder incontinent à des exhumations au cimetière principal fut particulièrement impressionnante et même poignante : il convient encore de reproduire les pièces authentiques et de garder le dossier de cette affaire.

Le 12 mars 1915, le maire recevait donc cette sommation, qu'il communiqua dès le lendemain à son Conseil :

« *Pour la bonne harmonie et l'ensemble de notre cimetière allemand dans le cimetière St Charles de Sedan, il est désirable que les deux rangées de civils français intercalées parmi les sépultures allemandes soient enlevées pour être reportées à un autre endroit plus bas, déjà désigné et connu de la mairie.*

La demande est formulée que ce travail doit être exécuté immédiatement par une bonne équipe d'ouvriers pour pouvoir permettre l'arrangement de nos tombes.

On porte en même temps à la connaissance qu'à partir d'aujourd'hui les corps des soldats français et des civils peuvent être enterrés avec l'assistance d'un prêtre français.

Tout discours et sermon sont absolument interdits.

Notre compagnie d'honneur qui accompagnera les morts allemands au cimetière, rendra les honneurs militaires aux soldats français.

Sedan, le 12 *mars* 1915, *Le Commandant,*

Signé : HEYN.

Cette lecture terminée, et avant d'ouvrir la discussion, M. le Maire dit que, *dès le jour même,* mis au courant de cette question par le fossoyeur du cimetière St Charles, qui, au préalable, avait déjà dû fournir des renseignements demandés par le major Heyn lui-même sur place — il était allé à la Commandanture pour s'entretenir de la dite question et montrer combien était grave la décision qu'il allait être appelé à prendre, en raison des lois françaises sur la législation toute spéciale des cimetières, législation s'opposant à toute exhumation avant un délai révolu de cinq années, et encore sur la demande même des familles, seules autorisées à le faire ;

Que, dans ces conditions et en présence de la lourde responsabilité qu'encourrait, par la suite, l'administration municipale devant les tribunaux saisis de l'affaire par les familles intéressées, il réclamait confirmation de l'ordre par écrit, ce qui, ajouta-t-il, ne se fit pas attendre, puisqu'aujourd'hui même il le recevait. Préalablement, le maire avait fait connaître qu'il s'agissait des sépultures des corps inhumés depuis septembre jusqu'à fin décembre 1914.

Ces tristes explications étant développées, il ne restait plus à l'assemblée communale qu'à délibérer.

L'ordre était formel ; il fallait s'exécuter : toujours les Fourches Caudines : *furculæ Caudinæ* (1) ! Le Conseil n'y passa qu'à son corps défendant... Il décida que « des soins extrêmes seraient apportés à cette translation et que les opérations d'exhumation et de réinhumation se feraient avec tout le respect dû à nos chers défunts. »

Un procès-verbal en fut dressé, et chaque corps, déposé dans sa sépulture nouvelle, fut inscrit sur un registre d'ordre indiquant son emplacement exact afin que les familles pussent venir, comme auparavant sans crainte d'erreur, déposer leurs souvenirs et leurs prières sur la tombe de leurs morts.

(1) *Das Caudinische Joch.*

VII

En sa séance du 31 mars, le Conseil tendit une main secourable à des œuvres intéressantes :

A la Caisse de retraite de nos ouvriers à laquelle il fit une nouvelle avance de	15 000 fr.
A la Caisse de retraite des sapeurs pompiers à laquelle il fit un prêt (plus que suffisamment garanti par les ressources de cette caisse), de. .	1 400 fr.
Aux Fourneaux économiques auxquels il vota . .	10 000 fr.
Au Bureau de Bienfaisance qu'il subventionna encore de.	17 000 fr.
Aux Ateliers de charité qu'il accrédita derechef de	10 000 fr.
Enfin, à la commune de Glaire, qu'il obligea aux mêmes conditions que précédemment d'un prêt de	1 500 fr.

***

Une importante délibération fut encore celle du 13 avril, concernant la formation pour tous les pays occupés d'un *syndicat intercommunal de ravitaillement* avec son siège central à Bruxelles : il devait englober plusieurs comités, qui seraient eux-mêmes la réunion des communes dépendant d'une ou de plusieurs commandantures : celles de Sedan-Ville, Sedan-Land, Raucourt et Douzy (ensemble 38 communes) faisaient partie d'un groupe dont le siège principal et particulier était Sedan même. Il nous est impossible de reproduire ici les 23 articles des statuts sagement rédigés par le *Syndicat ardennais de ravitaillement de notre région.*

Formation, objet, dénomination, durée, siège, puis administration, surveillance, gérance, sessions du comité administratif, enfin dissolution et liquidation, lorsque les opérations de réapprovisionnement deviendraient sans objet, tout était réglé dans les détails, et le Conseil adopta le dit projet, et fixa, pour la constitution du fonds de roulement, à 30 francs par habitant la part contributive de la ville de Sedan.

MM. A. Grandpierre, premier adjoint, et Ad. Benoit, minotier président de la Chambre et du Tribunal de commerce, furent désignés comme délégués du Conseil municipal de Sedan, au Syndicat régional des Ardennes.

***

Le 18 avril, le Conseil, dont les dix membres présents à Sedan étaient, nous l'avons dit, en permanence à l'Hôtel de Ville, recevait de M. Grandpierre communication de l'ordre suivant, aussi douloureux que surprenant, de la Commandanture :

« Les 21, 23 et 24 avril partiront de la ville, pour le midi de la France, 1.500 à 1.800 personnes civiles de Sedan, savoir :

500 le 21,
500 le 23,
500 le 24.

Les personnes pourront emporter des bagages à main nécessaires et quelques ustensiles ménagers, les voyageurs et les paquets subiront une visite minutieuse au moment du départ.

La Ville reçoit aujourd'hui le relevé des personnes qui doivent faire partie du premier transport.

Les deux listes suivantes seront remises à la Ville dès qu'elles seront dressées, quarante-huit heures en tout cas avant le départ du convoi.

La Ville a l'ordre d'avertir en temps voulu et de réunir les personnes désignées pour chaque départ. Il faudra donc :

1° Réunir et tenir prêt pour le 20 avril entre huit et dix heures du matin, temps allemand, aux Fourrages Militaires le premier convoi, les bagages devront y être rendus pour le même moment.

2° Le deuxième départ est à préparer de la même façon pour le 20 avril de deux à quatre heures de l'après-midi,

3° Le troisième départ pour le 22 Avril entre huit et dix heures du matin. A chaque transport une liste complète des partants devra être remise aux Fourrages Militaires à l'officier de service.

La ville de Sedan est responsable de l'accomplissement exact de cet ordre, de telle sorte que, dans le cas de constitution inexacte de chaque transport une amende de fr. ??? sera infligée à la ville de Sedan.

En outre, les otages seront chargés d'arrêter ceux qui ne se conforment pas à l'ordre de départ.

Un quatrième départ aura lieu le samedi 24 avril ; celui-ci comportera les femmes de mauvaise vie : atteintes ou non de maladies vénériennes.

Des gendarmes seront mis à la disposition de la Ville sur sa demande.

Nous avons rélaté, dans notre premier volume, cet incident inattendu ; mais nous tenons à en décrire ici la phase en quelque sorte officielle.

Le maire souligna donc — sa lecture étant achevée — que cette injonction se passait de tous commentaires... Quels motifs l'autorité allemande pouvait-elle mettre en avant pour prendre une pareille décision ?... Le ravitaillement ? mais jusqu'ici le Comité américain n'a pas suspendu ses approvisionnements en farine, et bientôt des denrées d'épicerie arriveront ! La considération de secours à des personnes dans la misère ? Mais la charité publique et la charité privée s'ingénient, et parviennent à leur procurer tous les soulagements ! D'autre part, elle ne pouvait arguer de quelque considération humanitaire. Sedan était loin de la ligne de feu.

Ces arguments que M. Pime voulait à juste titre voir servir de base à une protestation, c'étaient précisément ceux dont le maire s'était servi auprès de la Commandanture mais l'ordre partait du haut commandement (ce qui ne le justifiait aucunement), et il était péremptoire :

« *Je le veux, je l'ordonne, et voilà ma raison !* »

Néanmoins, une nouvelle protestation auprès de la Commandanture fut décidée, séance tenante, et faite — *in vanum*, d'ailleurs, — par le premier magistrat municipal, accompagné de MM. Pime, ancien adjoint, et Richard, conseiller.

On lira plus loin la suite de cet incident.

VIII

Précédemment nous avons vu que diverses œuvres d'assistance, et plusieurs communes avaient été l'objet du bienveillant et large concours de la Ville : celle-ci eut encore lieu de témoigner, en mai, sa générosité envers :

Les Ateliers de charité, qu'elle accrédita de . . 7 000 fr.

Les Fourneaux économiques, qu'elle subventionna de . . . . 10 000 fr.

Le Bureau de Bienfaisance, auquel elle vota, (pour les secours extraordinaires du mois). . 15 000 fr.

Et l'Orphelinat protestant, auquel elle prêta, (suivant un contrat à intervenir) . . . . 2 000 fr.

D'autre part, elle fit à la commune d'Illy un quatrième prêt d'une importance de . . . 3 000 fr.

coupons papier-monnaie avec l'engagement solidaire de personnes notables d'Illy de rembourser la ville de Sedan aussitôt es hostilités terminées.

La continuation de la guerre (on entrait dans le 9me mois) mettait déjà tout le monde dans la gêne, et forçait la *Société civile* dite des *Prêts* à élargir sa très utile action. Il se trouvait que bien des personnes ne présentaient plus les titres réguliers de garantie exigés par les statuts, leurs livrets de Caisse d'épargne, par exemple, étant épuisés.

La société demandait donc à la commune un prêt de 4.000 fr., dont le remboursement était garanti par vingt personnes honorables, jusqu'à concurrence de 200 francs pour chacun, le notaire de la Ville, s'engageant, d'ailleurs, personnellement pour toute perte pouvant provenir de la non-solidarité entre les vingt signataires.

Le Conseil consentit ce prêt, aux termes du contrat que : les sommes avancées à chaque emprunteur ne seraient point supérieures à 30 francs par mois et devraient être remboursées, avec intérêt dans les trois mois qui suivraient la fin de la guerre.

***

Les démarches faites par le maire afin d'avoir les garanties exigées, partie en titres, partie en signatures, par le *Syndicat ardennais de ravitaillement* pour la région de Sedan avaient abouti.

M. Grandpierre en fut félicité par le Conseil qui adressa l'expression de sa reconnaissance aux Sedanais ayant encore répondu à son appel (1).

IX

Le Conseil avait appris avec satisfaction que la bonne volonté des Sedanais avait assuré, partie en titres, partie en signatures, les garanties exigées par les statuts du Syndicat ardennais de ravitaillement pour notre région. Il avait alors confié au maire le soin de transférer le bénéfice de ces garanties au profit du dit syndicat. Dans la séance suivante — celle du 28 mai — il lui fut rappelé que ce concours précieux, tout à l'honneur de plusieurs de nos concitoyens, avait réuni :

En titres au porteur, environ. . . .	180 000 fr.
En signatures	150 000 fr.
Ensemble. . .	330 000 fr.

(1) Le bénéfice de ces garanties devait être transporté au profit ou du dit Syndicat, ou, s'il y avait lieu, de la Société générale de Belgique à Bruxelles, ou bien encore de tous autres Établissements financiers. (Délibération du 8 mai 1915.)

représentant le montant des engagements de la ville vis-à-vis du *Syndicat de ravitaillement*, à raison de 28 francs souscrits par tête d'habitant, et non encore appelés, ni versés. Après délibération, le Conseil ratifia le transport par M. A. Grandpierre, premier adjoint délégué faisant fonction de maire, du bénéfice du cautionnement, (aussi bien en titres au porteur qu'en signatures), de 300.000 francs au profit de ce syndicat, représenté en la circonstance par son vice-président, M. Adolphe Benoit, lequel, à son tour, pourrait effectuer le transfert du dit bénéfice au profit de la société générale de Belgique, à Bruxelles, ou de tout autre établissement financier.

Il était d'ailleurs entendu que :

1° Jusqu'à la tradition réelle des cautionnements aux mains de la Société générale en question, titres et actes de garantie resteraient à Sedan, déposés dans les coffres de l'agence de la *Société générale pour favoriser le développement du commerce et de l'industrie en France ;*

2° Les divers transports, successifs, des cautionnements n'emportaient aucune novation, ni modification à la situation de la ville de Sedan, toujours tenue comme débitrice principale au regard des cautions.

***

En même temps qu'elle avait à délibérer sur ce sérieux objet, l'Assemblée communale dut s'occuper d'un sujet intéressant la *Société civile* qui s'était si opportunément constituée *pour prêts et avances.*

Déjà 2.153 demandes d'avances garanties avaient été présentées ; elles avaient été, pour la majeure partie, accueillies, et 110.606 francs avaient été répartis jusqu'au 1er juin 1915.

L'œuvre était trop bienfaisante pour que le maire ne se fît pas son porte-parole : il s'agissait, afin qu'elle pût continuer ses bons offices, de tenir à sa disposition une nouvelle somme de 60.000 francs à prélever au fur et à mesure de ses besoins sur le produit de la vente des denrées de ravitaillement fournies par les Américains : le paiement de ces denrées était différé jusqu'à l'échéance de trois mois après la cessation des hostilités.

Ce mode d'utilisation de fonds, temporairement disponibles, était, du reste, pratiqué dans les autres régions du district de Charleville ; et les Allemands y voyaient d'autant moins d'inconvénient que l'argent de France était ainsi conservé pour les transactions locales.

L'Assemblée accueillit donc en ces termes la demande de la *Société civile des prêts et avances* sous obligation pour celle-ci de rendre compte à la municipalité des sommes par elle employées conformément à ses statuts.

***

Comment, dans la nécessité qui pressait toutes les communes, ne pas agréer encore des instances de *prêts* en des conditions analogues à ceux antérieurement déjà consentis ? — Ouvrons une simple parenthèse pour dire que les départements qui n'ont pas éprouvé l'indicible fléau de l'invasion, ne peuvent ni s'en imaginer les horreurs, ni se représenter la détresse de nos régions envahies.

A *Daigny* le Conseil prêta donc (1er) 4.000 fr. ;

à *Iges* (3me) 1.000 fr. ;

à *Givonne* (3me) 5.000 fr. ;

à *Daigny* (2me) 2.000 fr.

De Vrigne-aux-Bois, il réclama des garanties de caution, avant de prêter à cette commune encore 9.000 fr.

Suivant un contrat à intervenir, il consentit à un prêt en papier-monnaie de 2.000 fr. à l'*Orphelinat protestant de Sedan ;* puis, il décida, après avoir entendu un rapport de l'inspecteur primaire, le paiement par la ville, à titre d'avance des traitements fixes et mensuels aux instituteurs et institutrices exerçant actuellement à Sedan ; cette mesure devait s'étendre aux professeurs de l'Ecole primaire supérieure et à l'inspecteur primaire auquel une avance était consentie.

Le Conseil fit droit encore à la demande d'un emprunt de 700 francs présentée par l'*Union mutuelle ardennaise*, somme à prélever sur les émissions de la ville ; le but était fort louable : le versement aux retraités sedanais de la Caisse mutualiste de l'Union des trimestres échus de leur pension assuré par la loi du 15 avril 1910.

***

Le 14 juin, notre Assemblée communale, (7 conseillers présidés par le maire, assisté du deuxième adjoint (1) était convoquée extraordinairement, saisie des faits qu'on va lire, et obligée de subir la nouvelle (non la dernière !) contribution de guerre infligée à notre ville. Nous donnons ici le compte-rendu officiel de cette séance :

« Le maire fait connaître à ses collègues que le samedi 12 juin il fut appelé à la Commandanture, à dix heures du matin, où il trouva 12 personnes notables de la ville de Sedan :

MM. Metzger Louis ;
Picquart, notaire ;
Cosson, pasteur ;
Molard, docteur ;
Vautelet Paul, marchand de chevaux ;
Ninnin Philippe, 22 ans ;
Lallement, abbé, vicaire de Saint-Charles ;
Dupont, négociant en laines ;
Benoit, instituteur à Torcy ;
Schweitzer, patissier ;
Godchaux, fabricant ;
Doin, professeur ;

tous également convoqués individuellement et choisis par la Commandanture elle-même.

« Introduits aussitôt dans la salle des audiences du Conseil de guerre, il leur fut communiqué : qu'en raison des bris d'iso-

(1) Le dixième conseiller était malade.

lateurs sur la ligne télégraphique du chemin de fer de Sedan à Bouillon et dont les auteurs n'ont pu être connus, la ville de Sedan était condamnée à 15.000 marks à verser le mardi 15 juin à onze heures comme contribution de guerre, et qu'en outre 12 personnes notables seraient prises comme otages et envoyées dans une colonie agricole.

« M. le Maire fit observer à M. le Lieutenant-Colonel Heyn que, vraiment, la sanction infligée n'était pas en rapport avec le méfait commis et que la peine était très sévère ; à cette observation il fut répondu qu'il s'agissait d'un ordre supérieur devant lequel il fallait s'incliner (1).

« Ensuite, et comme conséquence de son exposé, M. le Maire donne lecture de la mise en demeure reçue :

« Sedan, le 12 juin 1915.

« Le Maire de la ville de Sedan reçoit injonction de verser pour le mardi 15 juin à onze heures (temps allemand), quinze mille marks (15.000 marks).

Fait en double à Sedan, le 12 juin 1915.

Etappen Kommandantur
Etappen Inspection

Le Commandant,
Signé : HEYN. »

« Le Conseil après en avoir délibéré

« Vote un crédit de 15.000 marks (soit : 18.750 francs) pour la nouvelle contribution de guerre infligée à la ville de Sedan.

« Fait en l'Hôtel de Ville les jours, mois et an que dessus. »

X

La nécessité de faire incessamment face soit à des dépenses urgentes, soit à des contributions de guerre ou à des réquisitions

(1) C'était, dans des circonstances analogues, l'argument habituel et sans réplique : *Sic volo, sic jubeo, sit pro ratione voluntas !*

toujours exigées la menace à la bouche autorisait le renouvellement de sollicitations de secours ou de subsides auprès du Conseil. Et à celui-ci les circonstances faisaient presque un devoir de déférer à ces instances de sociétés et de communes.

Aux mêmes conditions que précédemment le Conseil municipal de Sedan prêtait donc encore :

A la Caisse de retraite de nos ouvriers . .	15.000 fr.
A notre Société de prévoyance et de Secours mutuels,	
pour frais du mois de juin.	700 fr.
pour frais du mois de juillet. . . .	500 fr.
pour frais du mois de septembre. . .	3.500 fr.
A la Caisse de retraite des Sapeurs-Pompiers, (pour acquit du dernier trimestre à ses pensionnés)	635 fr.
A la commune de Saint-Menges.	4 000 fr.
— — Givonne.	4.000 fr.
— — Daigny	6.000 fr.
— — Illy	3.000 fr.
— — Glaire et Villette	4.000 fr.
— — Haraucourt	8.000 fr.

La ville votait aussi :

Aux *Ateliers de Charité* :

1° pour régularisation des comptes au 29 juillet 1915.	fr. 2.650 50
2° pour continuation des travaux effectués à l'avantage de la ville même et dans un but humanitaire	fr. 10.000 »

Aux *Fourneaux économiques* (dont nous donnons les chiffres dans un chapitre spécial) :

une subvention, le 2 juillet, de. . . .	fr. 10.000 »
et une autre, le 27 août de.	fr. 12.000 »

Le Conseil profitait de la reddition des comptes de l'œuvre si bien appelée « des Soupes populaires » pour féliciter chaleureusement les administrateurs de leur excellente gestion et des inappréciables services rendus).

Une dépense s'imposait : nous voulons parler de l'achat d'effets et de chaussures aux jeunes gens, arbitrairement enlevés, depuis le 5 février, par l'autorité allemande pour les colonies (!!) de travail à Vouziers et Rethel, ainsi qu'à leurs familles sans ressources (1). La municipalité avait de ce chef contracté des dépenses se montant à 3.137 fr. 20

Le Conseil les ratifia avec empressement et consentit pour l'avenir un second crédit de 5.000 fr.

A retenir, au passif encore des Allemands, que les démarches réitérées et pressantes de la municipalité, à l'effet d'obtenir le retour de ces adultes à Sedan, étaient, à la date d'octobre, demeurées sans résultat !

***

La communication par le maire, en la séance du 2 juillet, de la *Gestion* trop bien appelée *de guerre*, du 25 août 1914 au 30 juin 1915, est un document capital et nous le reproduisons ici intégralement.

Le chiffre total des recettes était de . .	fr.	1.703.355 43
Le chiffre total des dépenses était de .	fr.	1.541.172 63
De sorte que la différence était au terme ci-dessus (30 juin 1915) de	fr.	162.182 80

Donnons maintenant l'intéressant détail :

Les recettes se décomposaient ainsi :

Emission en Bons de la ville	fr.	1.365.000 00
Hospice civil	fr.	69.300 »

(1) Ces « *Arbeitcolonien* » ne ressemblaient en rien aux *Colonies ouvrières*, dont un pays a le droit d'être fier, parce que c'est une organisation puissante dont le réseau s'étend sur toute l'Allemagne (A), avec le but de relever moralement les malheureux que la vie de chemineau a découragés et affaiblis. Par exemple, le colon nouvellement arrivé reçoit là-bas des vêtements convenables ; ce qui n'était nullement le cas à Rethel et à Vouziers.

(A) Aussi bien que les refuges, *Verpflegungs-Stationen*, et les auberges, *Herbergen zur Heimat* pour ouvriers sans besogne.

Remploi des prêts aux communes suivantes :

Glaire et Villette. . . .	fr. 6.000 »	
Frénois	— 3.000 »	
Vrigne-aux-Bois	— 33.000 »	
Illy.	— 8.000 »	
Floing.	— 8.000 »	
Iges.	— 2.900 »	
Givonne	— 11.000 »	
Wadelincourt.	— 1.500 »	
Daigny.	— 4.000 »	
Villers-Cernay.	— 2.000 »	fr. 79.400 »
Subside à la Société civile des prêts et annexe		— 133.500 »
Caisse de retraites des ouvriers de Sedan . .		— 37.000 »
Société de secours mutuels (au 30 juin) . .		— 700 »
Union mutuelle ardennaise (au 30 juin) . .		— 700 »
Caisse de retraite des sapeurs-pompiers . .		— 1.400 »
Recette à percevoir du département pour maison d'arrêt.		— 2.550 »
Recette à percevoir de l'Etat : instituteurs et institutrices.		— 8.749 36
Recette à percevoir du département : sous-préfecture		— 225 »
Recettes diverses (énumérées au budget). .		— 4.831 07
Total.		fr. 1.703.355 43

Les dépenses se répartissent entre les titres suivants :

Bons de la ville (remboursement au 30 juin 1915.)	fr. 389.919 55
Dépenses de la guerre : ambulances, ateliers de couture. Gare. — Magasins de l'étape. — Champs et jardins. — Abattage d'arbres. — Routes. — Cimetières. Sciage du bois à la Commandanture ; et divers	— 352.807 45

Dépenses de la Ville (Bureau de Bienfaisance 149.500 fr.) Fourneaux économiques 63.000 fr. Chantiers de charité 45.196 fr. 65. Collège Turenne. — Collège de filles. — Octroi. Legs : Vesseron. — Lejay ; Monard. — Police municipale. Voirie. Musée. Horloges. Jardin botanique. Enfants assistés. Frais d'administration. Pensions et divers traîtements . . .	fr.	466.015 05
Hospice civil	—	34.000 »
Prêts aux 10 communes, énumérées au chapitre des dépenses (A).	—	79.400 »
Société civile des prêts et annexe . . .	—	133.500 »
Caisse de retraite et sociétés énumérées ci-dessus aux dépenses.	—	39.800 »
Maison d'arrêt : avance au personnel. .	—	2.550 »
Instituteurs et institutrices (avances). .	—	8.749 36
Sous-préfecture (avance au concierge). .	—	225 »
Legs Crussy et gestion	—	34.786 22
Total. . . .	fr.	1.541.752 63

***

Mais l'affaire d'une *contribution de guerre* de 1.250.000 francs fut bien l'une des plus palpitantes dont le Conseil fut alors saisi : il eut à la traiter en ses séances des 2 juillet et 9 août ; — nous n'apporterons ici que les pièces officielles du dossier, et résumerons les phases principales de l'incident, nous étant réservé d'y revenir plus particulièrement en notre chapitre VIII (*Tablettes et notes*), à la date d'août 1915 (T. Ier). S'il se rencontre quelques

(A) A ces prêts aux communes il suffit d'ajouter les six prêts consentis en juillet-août à celles de Saint-Menges, Givonne, Daigny, Illy, Glaire et Villette, Haraucourt, se montant (comme il est indiqué ci-dessus) à 29.000 francs pour avoir le total au 15 août 1915 ; soit : 108.400 francs.

répétitions, elles auront leur excuse naturelle dans l'importance même du sujet.

Et d'abord produisons la copie de la communication faite à la mairie de Sedan (1) :

« L'autorité allemande, lui est-il mandé, a exécuté sur le territoire occupé de la France, la culture et la semence des terres; par conséquent, la récolte lui appartient.

« 1° Comme redevance, on remettra aux propriétaires des terres un bon de réquisition, après que les récoltes seront rentrées comme prix de location, suivant les usages locaux ; en se basant sur la surface et la qualité du terrain.

« Puisqu'il y a éventualité que la récolte ne pourrait pas être rentrée, comme par exemple à cause de la signature de la paix et pour éviter des dommages au fisc impérial, on impose comme dépôt de garantie pour les frais de culture dépensée la somme de 536.000 *Marks*, comme quote-part pour la commune de Sedan (2).

« La valeur de cette somme a été établie en se basant sur le nombre des habitants et leur solvabilité qui doivent compenser les contrées dépeuplées et pauvres.

« *Solidarité et Responsabilité*,

« Le Maire est informé par la présente que cette somme couvrira les frais de la culture au cas où, par la signature de la paix, par exemple, la récolte resterait en possession des propriétaires des terres ; mais que cette somme sera restituée entre les mains du maire de Sedan en même temps que les bons de réquisition de location pour les propriétaires des terres, si la récolte est rentrée par l'autorité allemande militaire.

(1) Nous transcrivons exactement dans le français (?) où cette information est rédigée.

(2) Sans nous arrêter à la forme *charabia* de ce document, accentuons cette trouvaille des Allemands : « *l'éventualité ou l'hypothèse de la paix !* » Ils la désiraient peut-être, mais elle était matériellement impossible, et nous ne ferons pas à la diplomatie prussienne l'injure de dire qu'elle pût y croire !!

« Ces conditions seront stipulées sur la quittance du versement qui doit être exécuté *au plus tard le* 31 *juillet* 1915 *à midi* (temps allemand).

« 2° Avec le versement des frais de culture on prélève pour l'administration en général qui se justifie en particulier des frais énormes pour la construction des routes qui serviront pour l'intérêt du pays, et qu'il a été dépensé et s'augmente actuellement comme quote-part pour la commune de Sedan (1) (*sic*) la somme de 464.000 marks (*sic*).

« Le remboursement de cette somme (de 464.000 marks) ne sera, en aucun cas, effectué.

« *La hauteur* de cette somme (*sic*) a été fixée en se basant sûr les mêmes points de vue et principe que pour la somme des frais de culture.

« Cette contribution est à verser également au plus tard jusqu'à la date du 31 juillet 1915.

« Et afin que le maire *n'ignore pas l'ordre reçu, il devra apposer son cachet et signer sur le double de la présente.*

« Sedan, le 2 juillet 1915. »

Signé : MULLER,

« Ober-Leutnant und adjudant. »

A la réception de cet ordre et en raison de sa gravité, des pourparlers avaient été immédiatement engagés, sur l'initiative de la municipalité. Une commission spéciale, composée d'un groupe important de notabilités de la ville auxquels s'étaient adjoints les notaires et les banquiers de Sedan, se réunit à

(1) Le lecteur qui ne sera pas endormi devant ce modèle parfait de galimatias aura besoin d'y revenir à deux ou trois reprises pour bien comprendre ; car, si comme dans la lanterne du singe, on voit bien quelque chose, on ne distingue pas d'abord clairement. En tout cas, la conclusion est nette : 464.000 marks ou 580.000 francs pour la part de Sedan, dans cette monstrueuse contribution. Et pour la somme susdite de 536.000 marks (frais de culture), voir la suite au chapitre 17, *mois de février* 1916, T. Ier.

l'Hôtel-de-Ville, pour rechercher quels moyens pourraient procurer, à la date assignée, une solution aussi satisfaisante que possible. Après onze mois d'occupation, il fallait désespérer de recueillir la somme écrasante qui était imposée ! Gager un emprunt à concurrence des 1.250.000 francs exigés parut la seule chose à tenter. Grâce à un concours extraordinaire de bonnes volontés, la garantie fut trouvée, et deux délégués furent désignés pour se rendre, avec l'interprète mandaté à cet effet par la Commandanture, auprès de la Banque internationale du Luxembourg, en vue d'y négocier un emprunt.

Dans notre premier volume, nous exposons le résultat négatif de cette démarche, pour raison de principe opposée par le contentieux de la Banque internationale ; — le désintéressement avec lequel les délégués se mirent à la disposition de la ville pour un autre effort ; — l'exigence de la Commandanture d'une troisième épreuve, sous la forme d'un « *Appel à la population* » ; et la sommation de lui livrer ensuite la liste *exacte* des habitants ayant versé, entre les mains de la commune, de l'argent en espèces françaises ou allemandes et même l'indication du versement effectué... Nous suivons, au même chapitre, les péripéties de cette pénible affaire, qui se dénoua du 17 au 27 août.

***

Dans sa séance du 29 juillet où bien des objets étaient à l'ordre du jour, vint aussi la question du *ravitaillement*, au sujet duquel le Conseil prit connaissance d'une *pétition* dont on trouvera plus loin le texte. Cette pièce et un rapport très motivé édifièrent l'Assemblée communale, et de fait le maire avait déjà saisi, à maintes reprises, des *desiderata* et considérations développés dans ce double document, l'autorité allemande, auprès de laquelle une récente démarche avait encore été faite : il était permis d'espérer une satisfaction prochaine.

XI

Certaines demandes de prêts sont trop justifiées par des besoins en quelque sorte périodiques pour que le Conseil n'y donne pas son acquiescement ; telles, particulièrement :

L'avance nouvelle de . . . . fr. 10.000 »
sollicitée par la *Caisse de retraite de nos ouvriers*, afin de payer à ses pensionnés et demi-pensionnés le trimestre échéant le 30 septembre ;

Telle : la subvention de . . . . fr. 35.434 35
aux *Ateliers de charité* qu'il est absolument nécessaire de continuer (1) ;

Tel : le crédit, au titre de subvention, de . fr. 12.000 »
aux Fourneaux économiques ;

Tel enfin : le prêt de . . . . fr. 637 50
à la Caisse de retraites de nos sapeurs-pompiers, afin de mettre cette société en mesure de s'acquitter envers 15 de ses pensionnés.

Dans un ordre analogue d'idées, notons que le Conseil vote, aux mêmes conditions qu'antérieurement :

A la commune d'Iges . . . . fr. 1.000 »
et, au chapitre inverse, c'est-à-dire à celui des *Emprunts*, il recourt à des prêts particuliers pour une somme de fr. 84.500 »

Cette dernière opération appelle un éclaircissement : par délibération du 15 janvier, avait été décidé un emprunt de 125.000 francs à la Banque internationale du Luxembourg pour acquisition de denrées alimentaires et de combustibles réclamés par le ravitaillement de la population. Mais cet emprunt, réalisable par acomptes obligeait à un voyage à Luxembourg,

(1) Le Conseil est bien inspiré en décidant que le chef ou un membre d'une famille de quatre enfants ou d'une famille dans laquelle des parents infirmes ou malades seraient à charge, travaillera, sur son désir, toute la semaine à la butte.

chaque fois qu'un prélèvement était nécessaire. Et l'expérience démontrait les difficultés que l'on rencontrait avant d'obtenir l'autorisation indispensable. Sans négliger l'inscription du crédit à cette Banque, il était fort expédient de ne pas avoir d'arrêt, dans les commandes et les paiements, et c'est pourquoi la municipalité avait estimé sage d'emprunter à sept particuliers, depuis le 15 janvier 1915. Les emprunts ainsi contractés se montaient à la somme que nous venons de dire (84.500 francs) au taux de 4 %, remboursable à la fin des hostilités. — En sa séance du 24 septembre, le Conseil en décida l'inscription à la comptabilité communale, en recettes et en dépenses.

***

Une double question sur laquelle nous nous sommes étendu dans notre premier volume, en raison de la gravité de l'une et de l'autre, fut portée, le 24 septembre et le 6 octobre, à l'ordre du jour du Conseil, nous serions tenté de dire : *de la Commission municipale* ; car la représentation communale se trouvait réduite à neuf membres, M. Hélin étant décédé : la première question, celle des *bons intercommunaux* était liée au *ravitaillement*, et la seconde concernait les cimetières. En voici le développement *officiel* :

A

Au début du mois de septembre, le comité d'organisation avait fait part aux communes des Ardennes que *les autorités allemandes* étaient disposées à leur délivrer de la farine, du charbon, du savon, du sucre et quelques denrées dont le paiement pourrait s'effectuer sous forme de bons communaux. Elles mettaient toutefois pour condition à l'acceptation par les Caisses allemandes que ces bons fussent garantis par un dépôt de titres correspondant aux deux tiers de l'émission des bons à créer. Ce dépôt devait être constitué par des valeurs françaises de premier ordre ou des fonds d'État étrangers de pays neutres ; il se ferait dans une Banque allemande.

Dans le but de se concerter sur ces propositions, les représentants des communes, relevant des quatre Commandantures de l'Etape, se réunirent à l'Hôtel de Ville de Sedan, le dimanche 12 septembre, mais on n'était ni assez renseigné, ni assez documenté pour en délibérer à bon escient et l'on s'ajourna « jusqu'à plus ample informé ».

La création de ces Bons de caisse fut, en effet, plus profondément étudiée dans une séance tenue le 16 du même mois à Charleville ; — le capitaine V. Guérard, l'Oberleutnant Scholl et des membres de chaque syndicat du ravitaillement y assistaient. Il fut alors statué ce qui suit :

« Les bons, déjà existants, continueraient à circuler sans garantie, et serviraient comme par le passé pour les paiements habituels.

« Les nouveaux bons, sur papier filigrané, garantis par titres, seraient reçus en paiement par les Caisses allemandes.

« Les communes, n'ayant point de ressources suffisantes pour solder les marchandises allemandes et désirant participer à la création des bons nouveaux, devraient fournir des titres en garantie pour les 2/3 des bons à elles nécessaires (1).

« Les bons délivrés aux communes recevront le timbre de la commune. — Ils auront cours dans toutes les communes, et toutes les Caisses allemandes les agréeront.

« Conséquemment, toutes les communes avaient à retourner au siège du Syndicat avant le 30 septembre :

1° La délibération par elles prise conformément à un modèle imposé ;

(1) Un exemple permettra de bien saisir : une commune qui posséderait des titres représentant une valeur de 6.000 francs et les verserait en garantie, recevrait 9.000 francs de bons nouveaux. Quant aux communes qui ne fourniront point de titres, elles ne recevront pas de bons.

2° La liste des titres (leur nombre, leur nature,) dont les communes pourraient disposer. »

Le maire exposa ensuite les démarches faites par les notaires et banquiers de la ville, en vue de se procurer les titres exigés en caution ; — la difficulté d'aboutir après les efforts et sacrifices antérieurement faits ; — et la nécessité pourtant de réussir dans l'intérêt des ravitaillements.

Pour amener les personnes qui auraient encore des titres, à les immobiliser en faveur de la ville, on résolut de leur offrir un avantage spécial par un prêt en bons de Sedan, — prêt non productif d'intérêt et remboursable contre remise de ces titres aux déposants. Ainsi fut-il fait ; les transactions et actes relatifs à cette opération furent passés ; et les crédits votés pour le paiement de ces avances ; — bien entendu, ces crédits auraient comme contre-partie le remboursement ultérieur desdites avances par les bénéficiaires.

Le dernier mot n'était pas dit : il ne l'est jamais avec les Allemands ! Une autre réunion fut tenue par le même von Guérard, réunion dans laquelle on avait le droit de... se taire et de ne soulever aucune objection ! — La ville de Sedan reçut injonction de porter le chiffre de son émission en bons intercommunaux de 200.000 à 750.000 francs, avec garantie, par titres, des 2/3.

Les membres du Conseil purent entre eux échanger des observations, mais l'ordre était catégorique, et il fallait avant tout assurer le ravitaillement de la population. Le Maire fut donc invité à faire diligence et reçut tous pouvoirs pour rechercher encore les voies pratiques de mener à bonne fin cette tâche laborieuse.

L'Autorité avait voulu la *très prompte* expédition de cette affaire, si difficile, étant donnée la situation à laquelle nous étions réduits ; et il se trouva que, la chose une fois résolue, il se produisit un silence plutôt surprenant.

B

La seconde question surgit à propos d'un *nouvel emplacement* que la Commandanture sommait la Municipalité de lui désigner *pour l'inhumation des soldats allemands.*

De ce regrettable incident nous donnons ailleurs tout le détail ainsi que nos appréciations, qui sont aussi l'opinion du public. (Voir *au mois d'octobre* 1915, T. Ier).

Nous nous bornons ici à l'écho du Conseil.

La commandanture désignait deux endroits : ou dans le *cimetière de Torcy*, ou sur le terre-plein à gauche du chemin montant au cimetière Saint-Charles où des matériaux étaient alors déposés.

Or, le premier de ces emplacements ne permettait, incontestablement, pas l'aménagement de tranchées nouvelles et précipitées ; des exhumations de corps récemment enterrés seraient nécessaires, et à tout prix il fallait éviter ce gros inconvénient.

Le Conseil municipal soumit à la Commandanture l'option de l'un de ces quatre termes :

L'ancien cimetière de Torcy, qui était très indiqué ;

Le terrain sis à droite du cimetière Saint-Charles ;

La partie supérieure en prolongement du même cimetière ;

Enfin, un large endroit à gauche, en gravissant le chemin du cimetière Saint-Charles, sur la hauteur, à proximité du cimetière israélite.

A nos éphémérides d'octobre, le lecteur pourra suivre la marche de cet épisode, attristant et douloureux comme tant d'autres suscités par nos tyrans (1) !

***

Encore dans sa séance du 6 octobre, l'édilité apprit que, sous prétexte de désordres apportés par les habitants du pays au

(1) 1er volume, 52 mois de prison à Sedan.

fonctionnement du chemin de fer allemand aux environs de Charleville-Sedan, (cela aurait dû être démontré !) le général en chef avait infligé (*sic*) une amende de 500.000 marks, et que la part contributive de Sedan était de 40.000 marks. . .

C'était inique, monstrueux, le fait incriminé ne s'étant pas produit sur le ban même de Sedan, la Ville ne pouvait ni ne devait logiquement ni en droit en être rendue responsable. Le Conseil ne manqua pas de le faire observer ; mais les Allemands prouvèrent une fois de plus que pour eux la force prime le droit : confisquant 50.000 francs de bons communaux qu'ils devaient à la Ville, ils se livrèrent à un tour d'escamotage assez curieux pour être conté par le menu ; c'est ce que nous faisons ailleurs (1).

***

Le récit d'une bonne action et d'une mesure de stricte équité nous reposera-t-il quelques instants de toutes ces vexations, de toutes ces injustices ?

L'acte charitable est de *M*me *P. Devin* qui fait le louable abandon à la ville d'une coupe de bois à elle appartenant sur le territoire de Floing, pour le chauffage soit de l'hospice, soit des pauvres de Sedan.

Et la mesure équitable émane du Conseil, et concerne *l'école libre de filles*. Occupé par les Allemands depuis le mois de février, cet externat venait d'être rendu à sa destination ; on était autorisé à en reprendre possession pour la prochaine rentrée d'octobre. Mais, transformés en caserne ou en lazaret durant plus d'un semestre, les locaux devaient être, d'urgence, désinfectés, soigneusement nettoyés et remis dans les conditions d'hygiène légitimement exigées pour toute école. De plus, à leur départ, les Allemands avaient laissé ouverte la large brêche par eux pratiquée dans la muraille de la cour nord pour s'y faire une porte d'entrée du côté de la Meuse : une barrière, provisoire au moins, était indispensable. Les ampoules électriques ser-

(1) Mois d'octobre 1915, T. Ier, p. 101.

vant à l'éclairage des classes avaient été enlevées : il fallait les remplacer. De même, enfin, s'imposait la réfection du matériel scolaire qui avait subi de très graves dommages.

La justesse de la requête était évidente. Il s'agissait de locaux *privés et occupés* ; la ville avait été contrainte de les tenir à la disposition des Allemands : il était absolument raisonnable qu'elle prît à sa charge les différents frais de remise en état d'un établissement scolaire d'utilité publique : le Conseil le comprit et fit droit à la demande présentée par la directrice de l'école, Mme Lefébure.

L'externat fut, d'ailleurs, bientôt mis à réquisition. A la rentrée, les élèves nombreuses durent de nouveau « s'empiler », si l'on nous permet ce mot, en deux ou trois salles, des lits étant préparés dans le reste du bâtiment pour des blessés, *que l'on attendait encore fin novembre* !

Entre-temps, s'introduisaient d'inexcusables abus. Observons que l'immeuble était occupé seulement par quelques infirmiers et soldats. — Or, contrairement à ce qui s'était passé la première fois et à ce que la Commandanture avait consenti, les Allemands, tout en ayant une entrée particulière de l'autre côté, pénétraient dans la cour centrale au milieu des jeunes filles, ouvraient les fenêtres qui ont vue et les portes qui donnent accès dans cette cour ; et il advint même qu'un jour des médecins prirent « un instantané » des élèves, ce qui mécontenta légitimement les familles.

Le comité se fit immédiatement l'écho de ces plaintes et protesta contre ces abus ; il signala le prochain danger d'incendie que causait l'incompréhensible installation, dans le grenier, d'un poêle dont on faisait passer le tuyau par la toiture. — La Commandanture reconnut le bien fondé de ces griefs et il y fut mis ordre sans tarder.

XII

Il est fort possible que le dépouillement, entrepris ici, des délibérations de l'Hôtel de Ville relatives à cette douloureuse époque, amène parfois quelques redites sur les mêmes faits et les mêmes sujets que l'on retrouvera dans notre premier volume ; mais cette répétition est plus apparente que réelle : ici, ce sont des notes officielles, nous l'avons observé déjà ; et là ce sont des impressions toutes personnelles ; les unes viennent, en définitive, confirmer les autres.

Ainsi, un objet délicat est abordé, le 11 novembre 1915, par le Conseil : *la distribution de combustibles au port.* Différentes pétitions en signalent le mode défectueux ; un seul chantier s'y trouve affecté ; l'unique délégué, chargé de ce service, ne dispose que d'un personnel absolument insuffisant ; de nombreux acheteurs doivent faire queue pendant plus d'une heure avant d'obtenir leur tour, ou finalement même ne reçoivent rien.

Plusieurs moyens sont suggérés par les pétitionnaires : avis, par voie d'affiche trois jours avant les distributions, qu'il y aura de la houille débitée au Port ; — nouvelle instance auprès des Allemands afin d'obtenir la quantité de charbon nécessaire à la population ; — recours, le cas échéant, au Comité américain ; — offre par des marchands de houille des chantiers qu'ils possèdent dans divers quartiers...

Par ailleurs, on demande si la Ville a commandé de la houille ; en quelle quantité ; pour quelle date ; si elle en a réclamé la livraison ; quel en sera le prix ; de quelle manière elle sera fournie ?...

Les otages, signataires, se plaignent aussi de la différence des prix sensiblement supérieurs à Sedan, comparativement par exemple avec Douzy ; — ils font valoir que le ravitaillement actuel ne peut suffire, durant l'hiver, à la population, et qu'il faudrait s'inspirer de la façon dont certaines localités sont administrées : telle Mézières où les habitants reçoivent par semaine 500 grammes de saindoux ou de lard ; des pommes de terre ; du charbon ; plus, 250 grammes de pain par jour, avec double ration le jeudi et le dimanche, ainsi que de la viande à volonté à des prix à peu près normaux.

Après étude de ces questions compliquées et fort difficiles à résoudre dans la pratique, une commission spéciale de trois membres doit s'efforcer (c'est généralement la solution... classique !) d'aviser aux moyens de donner satisfaction à de si légitimes besoins.

***

En vue de la *continuation du ravitaillement de la population par le Syndicat ardennais*, le Conseil fixe sa part contributive à 60 francs par habitant, soit 30 francs de plus que les 30 francs déjà garantis.

Deux francs ont été appelés déjà par le fonds de roulement ; — le Conseil accepte, si cela est nécessaire, l'appel de un franc supplémentaire par la commission de surveillance ; et MM. A. Grandpierre et Ad. Benoit sont nommés délégués.

***

Sur l'ordre exprès de l'autorité allemande, la ville de Sedan est mise en demeure de vendre au gouvernement impérial les terrains sis au *cimetière Saint-Charles* (2me carré de gauche), là où s'élève actuellement un monument commémoratif (1), et aussi, dans *le cimetière de Torcy*, le 1er carré, à gauche en entrant.

Sans autres explications, le juge du Conseil de guerre a fait tenir le projet de contrat. Mais quels que soient les dispositions et les engagements allemands (la *Commandantur-Stadt* est déjà en possession des deux emplacements à céder), le Conseil dit, avec sagesse, qu'il ne peut se prononcer sur la réalisation de cette vente qui est, en tous points, entachée d'illégalité ; — et, *contraint et forcé* d'en accepter le projet, il déclare réserver formellement l'approbation préfectorale.

(1) Ce monument dont il est parlé dans notre premier volume, est lourd, disgracieux, manifestement inspiré des *Propylées* (Architectures de Kleuze, à Munich, XIXe siècle. Voir notre T. Ier, p. 179.

* * *

Parmi les œuvres auxquelles on ne peut ni ne doit marchander les subsides, figure assurément celle des *Fourneaux économiques* ; — nous y reviendrons d'une façon particulière ; — le 11 novembre, le Conseil leur alloue d'urgence 10.000 francs, afin qu'ils soient à même de continuer leur précieuse action.

XIII

Nous passerons rapidement sur plusieurs délibérations du Conseil, parce que la plupart des faits s'y rattachant viennent tout naturellement au cours des divers chapitres de notre premier volume : telles les questions relatives aux bons intercommunaux, au ravitaillement, à de nouveaux prêts à la Société civile, à la Société de secours mutuels, à la Caisse de retraite de nos ouvriers, à l'Orphelinat protestant, à la Caisse de retraite des sapeurs-pompiers, aux Fourneaux économiques, et après de longues discussions, à la Commission de secours, dont un excellent rapport établit l'utilité et les importants travaux depuis le 9 octobre 1914 jusqu'au 31 mars 1916.

Divers sujets retiennent encore l'attention des édiles : les uns ont trait à la comptabilité municipale, telles des régularisations d'emprunt ; — les autres à l'éclairage électrique (situation au point de vue de la vente et de l'achat du courant ; correspondances et pourparlers avec le directeur de la Compagnie du gaz) ; — ceux-ci, à des fournitures d'œufs ; ceux-là, aux distributions de charbon fixées de la sorte : pour une personne et ménages de 2 à 3 personnes : 3 sacs ; pour ménages de 4 et 5 personnes : 4 sacs ; pour ménages de 6 personnes et plus : 5 sacs.

Il faut aussi statuer sur les demandes et inscriptions de ravitaillement à paiement différé ; sur les avances par la Ville aux particuliers pour les fournitures qu'ils ont faites par réqui-

sitions (1) ; il faut négocier avec les bouchers les diminutions sur le prix de vente de la viande de bœuf et le ramener
de 4 fr. à 3 fr.75 le kilo pour la 1re catégorie ;
de 3 fr.50 à 3 fr.25 le kilo pour la 2me catégorie.

On doit examiner, en outre, et arrêter le paiement d'une indemnité journalière de un franc aux ouvriers civils réquisitionnés pour des *colonies de travail* (2), (exception étant faite pour les hommes levés en janvier et août 1915 et pour ceux qui sont occupés par l'autorité allemande) ; — on doit munir de vêtements et de chaussures les ouvriers civils sedanais requis dans ces colonies (3) ;— traiter et porter à la connaissance du public la proposition de culture de pommes de terre par les communes (4), sous promesse que :

« La récolte ne sera point réquisitionnée,

« Le terrain et la semence seront mis gratuitement à la disposition de chaque habitant, avec obligation formelle de planter la semence accordée ;

« Un service assurera la surveillance, toute déprédation et tout vol constatés devant être rigoureusement punis (5), »

Et l'arpentage étant fait par deux architectes, un ingénieur, un agent-voyer et un conducteur de travaux.

Quant à la sommation adressée par l'autorité militaire allemande à la ville pour l'achat d'une pompe à incendie à vapeur, nous entrons dans les détails en notre premier volume. Et de la nouvelle part contributive de 40 francs par tête, pour garantir le

(1) La Ville estime alors ne pouvoir faire droit à plusieurs réclamations présentées à ce sujet, vu les difficultés qu'elle rencontre dans l'émission des bons communaux.

(2) Les dépenses, de ce fait contractées, se montent, au 14 avril 1916, à près de 18.000 francs (17.768 fr. 47).

(3) De ce chef la dépense est déjà de 14.000 francs au 22 avril 1916.

(4) Deux ares par tête d'habitant.

(5) Avis affiché, du 28 avril 1916.

ravitaillement de notre population par le comité d'Amérique nous parlons également dans ce livre (mois de mai 1916).

XIV

En mars et avril, une curieuse négociation s'engagea, à propos de 400 œufs à fournir chaque semaine par la ville à la Commandanture : la production sedanaise d'œufs étant infime par rapport au chiffre d'habitants, et de beaucoup inférieure à ce qu'il faudrait pour l'hôpital, les orphelinats, la maison de Retraite, les enfants et les vieillards, la Ville demanda l'exonération de cette réquisition et offrit de payer 10 pfennigs pour chaque œuf réclamé, soit 40 marks hebdomadairement. La Commandanture répondit par la contre-proposition de laisser, au prix de 2m. 50 la pièce, 300 poules avec 30 coqs, venant de la basse-cour d'Etape (1). Les volatiles devaient être répartis entre 30 habitants de la ville même ou des faubourgs, et les habitants seraient astreints à livrer les œufs à la commune qui pourvoirait à l'alimentation de ces poules et coqs.

Ne pouvant obtenir de l'autorité militaire la nourriture nécessaire à ces intéressants gallinacés, la municipalité n'accepta point d'en prendre livraison.

***

D'un mémoire de M. Maurice Foucher adressé au Conseil, le 6 juin, nous extrayons ce chiffre attristant qu'avant 1915 le nombre des indigents était de 27 % environ, par année, pour le service des pompes funèbres ; qu'il est monté depuis lors à 45 %, et qu'il va toujours en augmentant.

(1) Le marché était ingénieux, ces coqs et poules ayant été naguère saisis par les Allemands !...

***

Les circonstances font de plus en plus un devoir à la Caisse de retraite des ouvriers de Sedan d'acquitter envers ses pensionnés et demi-pensionnés les trimestres d'arrérages : il ne peut être question ici de *moratorium* : l'Assemblée communale accorde donc au Conseil d'administration de cette Caisse, vu les garanties que présente la société, un nouveau prêt de 12.000 francs, lequel assurera le paiement des pensions au 1er juillet 1916.

***

Le 26 juin, le Conseil municipal est informé qu'un *projet d'adduction des eaux de Haybes* a été soumis au maire par l'autorité allemande. De ce dessein il avait été déjà question avant les hostilités (1). Comment la Commandanture en a-t-elle eu connaissance ? On l'ignore ! Des fuites il en existe toujours ! Bref, le prix pour faire venir ces eaux dans les bassins du Fond-de-Givonne, au moyen d'une machine à vapeur, serait de 40.000 marks. — Le Conseil ne peut qu'approuver la réponse faite par le maire que la Ville ne serait pas en état de pourvoir à cette adduction, le résultat étant, d'ailleurs, absolument provisoire, et la dépense exagérée.

Nous ne qualifierons pas de « sinistre en Meuse » *le coulage du bâteau-lavoir* ; mais le fait est que cet accident s'est produit : l'enquête a prouvé qu'il était dû à ceci que les soldats allemands, cantonnés dans les environs, s'étaient portés en trop grand nombre sur une extrémité de ce bateau et en avaient ainsi provoqué la disparition. Plusieurs lessiveuses ont pu, heureusement se sauver à temps. — Le commandant passa, malgré

(1) Voir notre Histoire de Sedan : quatrième partie ; hydrographie, titre III ; nous parlons de la captation et de l'amenée des eaux de Haybes, particulièrement pures et salubres, qui, réunies à celles du Fond-de-Givonne, donneraient un débit moyen, non-seulement désirable, mais fort nécessaire.

tout, le 14 juin, l'ordre à la mairie de remettre tout de suite à flot le bâtiment. La municipalité, après expertise, répondit que ce renflouage lui était absolument impossible, parce qu'elle était dépourvue du matériel nécessaire *ad hoc* ; et — comme on dit vulgairement — elle renvoya la balle à la Commandanture : celle-ci trouva sans doute le rapport concluant, car elle ne donna pas suite à son injonction.

* * *

Dans la même séance du 26 juin, le Conseil :

1° Tenant compte de la situation difficile créée aux ouvriers civils, de 17 à 48 ans, par la réduction de leur salaire par les Allemands, accorde à ces travailleurs une somme complémentaire de façon à ce que l'heure ressorte à 0 fr. 30, le maximum de la journée ne devant point excéder 3 francs ;

2° Considérant qu'un ordre de réquisition de l'inspection de fournir 500 kilos de houille au Château Dorival, à Bazeilles, — château transformé en hôpital civil — semblerait charger la ville de Sedan des frais d'entretien de cet établissement, approuve la réponse du maire qu'« il est impossible à notre municipalité de procurer tous produits de ravitaillement exclusivement réservés aux habitants de la commune de Sedan ».

Sur une instance nouvelle de l'autorité militaire allemande que la ville se pourvoie comme dit précédemment d'une *pompe à incendie à vapeur*, le Conseil prend une délibération fortement motivée, de laquelle il ressort, pour plusieurs raisons péremptoires, qu'on ne peut songer à « utiliser la pompe en question qu'à proximité de la Meuse, en faisant plonger les tuyaux d'aspiration dans le fleuve quand la situation le permettrait ; ce qui impliquerait la mise en batterie de la pompe à une distance très proche du cours d'eau et réduirait alors considérablement son emploi efficace. Que l'on restitue sur le matériel réquisitionné les échelles et deux pompes, et la compagnie se charge, après réglement de quelques détails de service, d'assurer, ainsi que toujours elle a fait, la sécurité de la garnison et de la population civile. »

Cette question paraît en suspens.

Un renseignement important passe en cette même séance sous les yeux du Conseil : le comité national de secours et d'alimentation, le comité d'alimentation du nord de la France et le comité de district de Charleville avaient demandé de voir clôturer au 31 décembre 1915 le premier exercice des opérations de ravitaillement par la commission *For relief in Belgium*. Or, les comptes de la ville de Sedan se soldent à cette date par un débit de 486.574 fr. 80.

Malgré une plaidoyer très net de son président, établissant que toutes les précautions sont prises, tous les renseignements recueillis afin d'éviter les doubles emplois avec le Bureau de Bienfaisance, la dévouée Commission de secours n'obtient pas la remise, qui serait fort utile à son action, des 5.000 francs dont l'allocation lui avait été consentie, en principe, au mois de mai 1916.

Une note, inattendue ainsi que la plupart des communications de la Commandanture, touche le Conseil le 19 juillet : « Les maires de Sedan et de Balan devront désormais annoncer au « moins vingt-quatre heures à l'avance toute réunion de l'As- « semblée communale, et cela par un écrit accompagné de l'ordre « du jour. »

En suite de cet avis, le sous-officier, interprète, assiste à la séance du 26 du même mois, où le Conseil délibère sur des affaires nombreuses :

Vote de nouveaux prêts :

Un de 2.000 francs à l'Orphelinat protestant de jeunes filles,
Un de 5.000 francs aux Fourneaux économiques,
Un autre de 3.000 francs à la Société de secours mutuels.

* * *

Les observations présentées relativement à l'achat d'une pompe à incendie, à vapeur, ont été comprises ; mais fussent-elles vingt fois plus justes et plausibles, il s'agit d'un ordre formel de l'inspection. D'ailleurs, la Commandanture a déjà prévenu le maire que la pompe choisie va être achetée et que, pour les prises d'eau à la Meuse, 600 mètres supplémentaires de tuyaux pareront aux inconvénients signalés. — Le Conseil n'a plus qu'à s'incliner (1).

Subsidiairement et en conséquence, un second examen de la *question des eaux* s'imposait et a formé l'objet d'un entretien entre la municipalité et l'autorité militaire, laquelle a décidé d'entreprendre pour son compte personnel l'adduction des *eaux de Haybes*, dans les conditions précédemment projetées. A la Ville seulement la charge de pourvoir aux soixante ouvriers, dont le salaire sera payé par l'Administration allemande ! Ces travaux, tout autres que ceux dont nous avions conçu le dessein, devaient s'ouvrir incessamment, et durer deux mois (2).

Le fait que le *faubourg de Torcy* ne reçoit pas dans une proportion équitable la *viande de boucherie* donne lieu à une dis-

(1) Dans notre premier volume nous traitons longuement de ce même sujet.

(2) Supposons du 1er août au 30 septembre, ou même au 31 octobre ; — fin novembre, ils n'étaient pas encore terminés, et l'eau nous était dispensée avec une parcimonie toujours désespérante.

cussion assez vive ; et, d'autre part, plutôt oiseuse ; car ce genre de distribution va finir avec le mois d'octobre, et nous ne saurons pas, durant tout le mois de novembre, ce que c'est que « le cheval » ou « le bœuf ».

Raison de plus pour s'occuper des *approvisionnements* qui s'effectuent, par les soins de la commission spéciale d'une façon vraiment régulière.

Or, le *Comité d'alimentation du nord de la France* demande aux municipalités des divers districts, d'accord avec les autorités allemandes, « d'abandonner au Comité du district de Charleville 50 % de la valeur de la récolte de 1916, soit 30 % de plus qu'il n'était prévu primitivement ».

« Ces 50 %, portés au compte de *Sedan*, de la même manière qu'en 1915, lui seraient directement versés en bons communaux par les autorités allemandes. »

Ledit comité souligne qu'en réalité « c'est une simple avance de fonds au comité de district, *Sedan* restant propriétaire de ces sommes qui lui seront restituées après la guerre, sous déduction de la valeur des denrées reçues pour les habitants et payées sur le crédit allemand. »

Le Conseil vote cet abandon de 50 % et autorise le président du district de Charleville, M. G. Camion, à délivrer au nom de la commission quittance de cette somme : le montant sera versé au fonds du crédit allemand et inscrit sur les livres du district à l'avoir de la commune.

***

Le Conseil vient en aide aux *femmes de mobilisés*, qui se trouvent dans le besoin : il accueille leurs demandes de « ravitaillement remboursable après la guerre », et leur accorde les allocations possibles : en cela, il entre parfaitement dans les vues du même comité d'alimentation du nord de la France (district de Charleville) ; mais il désirerait connaître et il réclame le texte officiel de la loi assimilant aux femmes de mobilisés les *femmes de prisonniers civils*, pour lesquelles, entre-temps, il fait accorder des secours par le Bureau de Bienfaisance.

***

Ce thème du ravitaillement tient forcément une large place dans ces délibérations : des *farines avariées* nous valent un pain qui provoque les plaintes les plus fondées : la Ville est autorisée à les réexpédier.

***

Autre sujet de très légitime préoccupation : les *finances* de la ville ne permettent plus d'émettre, pour son compte personnel, de bons communaux : un appel à la Caisse du Syndicat ardennais de ravitaillement pour notre région est urgent en raison de nos besoins ; les pouvoirs nécessaires sont conférés au maire en vue de prélever sur la part de Sedan une somme de 100.000 francs en bons intercommunaux.

Et ce n'est pas seulement la Ville, ce sont les habitants, ce sont les Sociétés de secours mutuels que la prolongation aggravée de si tristes choses met dans la gêne. — Le capital de la *Société d'avances*, dont nous avons déjà loué les excellents offices et dont on n'aurait pu se passer, va être épuisé ; la Commission prie le Conseil de lui consentir une avance de 80.000 francs, (laquelle porterait le dit capital à 500.000 francs) ; et elle s'engage à remplir toutes les formalités habituelles, et à produire les garanties d'usage. — L'Assemblée communale vote, dans ces conditions, le nouveau prêt soit en bons de ville, soit en bons syndicaux.

***

Beaucoup abusent (ce n'est que trop vrai !) des difficultés de l'heure présente et exagèrent les *prix des différents produits alimentaires*, — des légumes notamment. Des réclamations sont, à ce sujet, parvenues à nos édiles qui décident qu'*un tarif de vente sera établi*, et une instance introduite afin d'obtenir des légumes de villages ressortissant aux commandantures voisines.

***

De cette cherté des vivres il est, dans la même séance du 2 septembre, passé à la question si intéressante des ouvriers civils sedanais, réquisitionnés par les Allemands, et envoyés, puis demeurés au dehors durant de longs, de très long mois. S'ils ne peuvent être entièrement et définitivement libérés, puisqu'on les considère comme conscrits (?), leur retour à Sedan où ils continueraient à travailler ainsi qu'ils le font dans les endroits appelés « colonies », serait-il donc impossible ? La plupart d'entre eux sont fort jeunes ; dans leurs familles, ils recevraient des soins dont ils ont été dès longtemps privés et dont le besoin se fait sentir.

Ces arguments étaient, certes, à faire valoir, et ils furent apportés dans la requête du Conseil aux autorités allemandes. Cette requête ne fut point accueillie. Alors on proposa l'envoi d'une députation des parents de ces jeunes gens : l'inspection répondit par une fin de non-recevoir et par la déclaration que « toute nouvelle démarche à ce propos ne pourrait même que nuire à l'affaire (1) ».

XV

Au cours de cette séance du 26 juillet 1916 reviennent sur le tapis deux questions : celles de la *pompe à vapeur pour incendie*, et de l'*adduction des eaux de Haybes.*

Ad primum, il n'y a qu'à courber la tête ; catégorique est l'ordre de l'Inspection ; la pompe va être achetée, avec les accessoires nécessaires à la prise d'eau à la Meuse et à la mise en action de la machine dans un rayon très étendu ;

(1) Lettre de la Commandanture au maire, novembre 1916.

Ad secundum, l'autorité militaire allemande a résolu l'entreprise, à son compte personnel, de l'amenée des eaux de Haybes conformément à un récent projet : la ville fournira 60 ouvriers payés par l'administration allemande (?), et les matériaux indispensables à l'exploitation seront réquisitionnés par cette dernière à Sedan et aux environs d'Aubrives. La municipalité a beau rester étrangère à ce plan : elle recevra peu après injonction de solder 604 marks pour accessoires et conduites, puis en avril 1917 un ordre sans réplique d'acquitter 15.447 fr.20, pour fourniture de tuyaux, aux usines d'Aubrives et de Villerupt *auxquelles jamais elle n'a rien commandé*, et ce malgré une parole donnée en présence du maire et de deux délégués du Conseil, que cette adduction ne coûterait rien à la ville (1).

*
* *

Nous glisserons plus rapidement sur certaines affaires que nous avons abordées dans notre premier volume ; mais nous les indiquerons ici, parce que leur mention leur donnera une sorte d'estampille officielle, en tant que délibérées en Conseil.

De nouveaux subsides sont donc votés à des œuvres dont il est urgent d'assurer la continuation :

5.000 fr. » aux Fourneaux économiques le 26 juillet 1916 ;
10.000 — » — — le 21 sept. 1916 ;
5.000 — » — — le 30 sept. 1916 ;
3.000 fr. » avancés à la Société de secours mutuels, le 19 août 1916 ;
3.000 fr. » avancés à la Société de secours mutuels, le 28 novembre 1916 ;

(1) La durée des travaux était fixée à deux mois ; ils devaient commencer sans retard ; — ils n'avaient, d'ailleurs, rien de commun avec ceux que notre ville s'était, avant le guerre, proposé d'effectuer. Nonobstant ce notable contingent de Haybes, les Allemands usent et abusent tellement d'eau dans les lazarets que les maisons particulières n'en ont pas ou bien n'en ont qu'un filet à certaines heures.

80.000 — » avancés à la Société civile des prêts, le 2 septembre 1916 ;
11.000 — » avancés à la Caisse de retraites des ouvriers de
12.000 — » Sedan, les 21 et 26 décembre 1916 ;
3.000 — » à l'Orphelinat protestant, le 30 septembre 1916 ;
680 — » avancés à la Caisse de retraite des sapeurs-
817 — 50 pompiers, pour pensionnés, les 30 octobre et 26 décembre 1916.

En séances privées, le Conseil statue sur des *demandes de ravitaillement à paiement différé,* — demandes forcément plus nombreuses à mesure que notre triste position se prolonge.

Il s'occupe de réclamations du *quartier de Torcy,* qui ne recevrait pas la *viande de boucherie* dans une proportion équitable,... et voici que précisément cesse tout à fait cette sorte de distribution !...

Un sujet assez complexe, touchant au *ravitaillement* (*Constitution de réserve* : *crédit allemand*) pour l'année 1916 est traité en sa place dans le premier volume : le 3 août, le Conseil, ouï l'exposé du Comité d'alimentation du nord de la France,

« Considérant que la somme abandonnée sur la récolte de 1915 a servi à la formation du fonds dit du « Crédit allemand » destiné au ravitaillement des communes du district de Charleville (1), en farine allemande, charbons, pommes de terre, etc...

« Considérant qu'il y a nécessité absolue de continuer le fonctionnement de ce ravitaillement ;

« Considérant que, pour l'année 1916, les autorités allemandes ont fixé à 20 % de la valeur de la récolte la part qui doit être affectée au Crédit allemand, mais que la somme représentée par ces 20 % sera tout à fait insuffisante. »

Pour ces motifs, décide d'abandonner 50 % de la valeur de la récolte de 1916, et autorise le président du Comité de district de Charleville à donner, au nom de la commune, quittance de cette somme, dont le montant sera versé au fonds du Crédit allemand et inscrit sur les livres du district, au crédit de la commune (2).

(1) Comité d'alimentation du nord de la France.

(2) Délibération du jeudi 3 août 1916.

***

La situation de la ville, qui ne peut plus émettre de bons municipaux pour son compte personnel, oblige alors le Conseil à faire appel à la Caisse du Syndicat ardennais de ravitaillement (région de Sedan) pour deux prélèvements de 100.000 francs et de 300.000 francs sur la Caisse syndicale ; et il devra encore, pour la même raison, prélever 300.000 francs en avril 1917.

Dans cet ordre d'idées, la *Gestion de guerre au 30 septembre* 1916 fixe surtout l'attention de nos édiles en la séance du 30 octobre. — Malgré l'intérêt qu'ils présentent, nous ne pouvons détailler à cette place les innombrables titres de compte qui en sont les éléments constitutifs (plus de 150) : cet état représente un travail dont il convient de louer ceux qui l'ont dressé.

A cette date du 30 septembre 1916.

Le compte ville se monte à.	fr. 901.061.19
Les avances faites par la ville s'élèvent à. .	— 139.432.43
Les dépenses de guerre s'élèvent à. . . .	— 838.357.98
Les avances sur réquisitions s'élèvent à . .	— 16.695.31
Total. . . .	fr. 1.895.546.91

Plus tard, cette comptabilité sera certainement publiée *in extenso* par les soins du Conseil, et nous-même disons ailleurs ce qui concerne l'Hospice et le Bureau de Bienfaisance (1).

La liberté du travail, tant préconisée, n'est plus devise pratiquée en ces jours de calamiteuse oppression ; et les ouvriers civils, dénués de vêtements, de chaussures, sont dignes de sollicitude : les crédits utiles à ces fins sont donc votés.

On doit regretter dans l'attribution faite en cette même réunion du 30 septembre, de bons de 7 francs pour les filles, de

(1) Notre chapitre sur les œuvres d'assistance, etc... Hospice et Bureau de Bienfaisance.

6 francs pour les garçons, et de 2 francs pour les enfants des écoles maternelles (1), l'exclusivisme qui ne comprend, dans cette décision communale, que les élèves nécessiteux des écoles publiques. — Ceux des écoles libres, dont les pères ou les frères payaient, eux aussi, généreusement alors l'impôt du sang, avaient assurément autant de droit au même subside.

* * *

La *cherté des vivres* pose le problème de savoir s'il n'est pas opportun d'établir une taxe sur certains produits alimentaires, tels que les légumes ; — de même, l'*augmentation du prix du gaz,* dont les Allemands sont consommateurs au même titre que la population civile, puis la *saisie du coke* qui nous prive d'un combustible d'autant plus nécessaire que la houille est plus rare, sont l'occasion de correspondances entre la municipalité et une maison de Saarbruck, par intermédiaire de la Commandanture, et de démarches auprès de l'autorité ; — enfin, les conseillers adressent une nouvelle *requête* à l'administration allemande *à l'effet d'obtenir le retour à Sedan des ouvriers* — pour la plupart fort jeunes, privés depuis si longtemps des soins qu'ils pourraient recevoir dans leurs familles (2).

Des ordres, rigoureux comme toujours, de faire enlever chez les émigrés, après scrupuleuses perquisitions (3), les vêtements d'hommes et de femmes, forcent le Conseil qui avait jusque là

(1) Ces bons devaient être échangés contre marchandises chez les commerçants de la ville.

(2) Ce fait seul répondrait suffisamment à l'allégation des Allemands qu'ils n'ont pas contraint les habitants des pays occupés à travailler pour eux ; mais on y peut ajouter les appels sur la place Turenne et au quartier Fabert ; les réquisitions incessantes de travailleurs civils, puis d'adolescents et de jeunes filles requis également et punis quand ils manqueraient au labeur, etc...

(3) Ordre du général en chef.

temporisé, à aviser à un mode d'exécution : il s'arrête à une commission répartie en cinq groupes dont chacun comprendra : l'employé de la mairie chargé des inscriptions, l'expert en lingerie et l'expert en vêtements, tous choisis parmi des commerçants en ces articles, et dont le rôle, en assistant à l'inventaire, sera d'èstimer les articles à réquisitionner (1).

***

Une autre exigence de l'autorité allemande veut le *versement immédiat d'un cautionnement de* 18.000 *marks par l'usine à gaz*, si celle-ci entend être livrée d'une commande de charbon pour 3 mois. Il est essentiel d'assurer le service de l'éclairage et d'éviter tout incident. Aussi bien le Conseil, à titre de prêt, consent à avancer à la Compagnie la somme qui doit parfaire le gage impérieusement demandé.

Nous rendons, dans un autre chapitre, un légitime hommage à l'action du *Bureau de Bienfaisance* et du *Comité de secours* comme des diverses sociétés et œuvres dont les services furent si grands en ce temps-là : un heureux accord intervient alors entre le Bureau et le Comité que nous venons de nommer : celui-ci indiquera, sur la demande de celui-là, quelle est la situation exacte des personnes qu'il secourt ou se propose de secourir, et quelle est la mesure de cette assistance : de la sorte, mieux répartis seront les subsides, et plus facilement évités les abus. — Pour notre part, nous avons, à maintes reprises, souhaité et tâché de provoquer une semblable entente.

Des pourparlers entre la municipalité et Me G. Ninnin, notaire de la famille Dérué-Villette, aboutissent à l'achat par la ville : 1° d'une coupe de bois destiné aux fours des boulangers de Sedan et de ses faubourgs ; — 2° de 5 ou 6 hectares de bois au lieu dit

(1) La liste à fournir, pour le 6 novembre, à la Commandanture qui mettait, par groupe, un sous-officier à la disposition de la Commission, désignait minutieusement vingt effets pour hommes et vingt-quatre pour femmes.

les 5 frères... Il y a là une convention que l'on peut regretter de n'avoir pas vu se généraliser ; car ce « *modus agendi* » eût peut-être empêché le pillage que nous déplorons ailleurs (1).

***

En général, nous ne soupçonnons pas à quels chiffres arrivent les *ravitaillements*... Or, la commission *For relief Belgium*, le Comité national de secours et d'alimentation du nord de la France et le Comité de district de Charleville ont, au 30 juin 1916, procuré en marchandises à notre ville pour 1.193.281 fr. 30

Rappelons qu'à cette époque la *Commission de ravitaillement* se compose de MM. A. Grandpierre, Ad. Benoît, L. Millot, Dr A. Lapierre, M. Foucher et V. Richard, conseiller municipal.

Le vœu de voir la *viande*, que les Allemands ont supprimée, remplacée par de la *viande conservée* (de la viande salée) va se réaliser, — du moins, par intermittence : le Comité Hispano-Américain doit nous en faire parvenir à raison de 250 grammes par habitant et au prix de 1 fr. 80.

***

L'année 1916 touche à son terme... A titres d'étrennes, le Conseil alloue 300 francs à la garde civile (20 francs à chaque garde) ; et si les huit membres de notre Assemblée communale sont quotidiennement de service à la mairie, ils ne se réunissent, en 1917, que le 24 janvier, et c'est pour apprendre que le général en chef, par ordre du 15 de ce même mois, a imposé la ville de 50.000 marks. Pourquoi ?... Parce qu' « un grand nombre d'habitants commit de graves excès le 2 janvier à l'occasion du passage à Sedan de prisonniers roumains (*sic*) ?? »

A des infortunés succombant à la faim,
Tendre par charité quelque morceau de pain,
N'est-ce pas là vraiment un crime abominable ?
L'amende ou bien la mort seule serait capable
D'expier ce forfait : on nous le ferait voir !...

H. R.

(1) A la date de juillet et d'août 1917.

Nous relatons et mettons la chose au point, à la date correspondante dans notre premier volume.

Tout en s'inclinant, *vi et necessitate coactus* (1), le Conseil oppose avec à-propos les remerciements du général von der Thann lui-même à la ville pour notre population si secourable le 24 juillet 1873 à ses Bavarois frappés d'insolation, et la rigueur du général en chef de janvier 1917, envers la même cité également touchée de commisération pour de pauvres prisonniers tombant d'inanition et de fatigue !...

La *réglementation du salaire des manœuvres et ouvriers réquisitionnés* s'imposant, les huit ou neuf conseillers fixent à 0 fr. 50 par heure (avec maximum de 10 heures) le prix de la journée aux ouvriers de profession, et à 0 fr.30 pour ceux qui sont occupés comme servants.

L'expérience ne tarde pas à démontrer, en présence de réclamations nombreuses, l'obligation d'uniformiser ce salaire journalier aux ouvriers civils sedanais directement enrôlés par les Allemands et travaillant régulièrement pour eux (2) : le Conseil sera fort de cette détermination pour rejeter, le 29 mai, une demande de majoration introduite par les employés de l'*Arbeiteramt* et impérativement appuyée par ce bureau allemand.

Puis, se fondant en droit et en fait sur les lois des 5 août 1914 et 9 août 1915 qui spécifient que les familles de mobilisés ou de prisonniers arrivant dans une commune doivent être traitées comme les habitants de cette commune, sans pouvoir réclamer d'autres avantages, le Conseil décide que les familles sedanaises ayant émigré dans d'autres endroits — quoique domiciliées à Sedan — ne recevront plus par notre Bureau de Bienfaisance les secours à elles jusqu'alors octroyés au titre d'*assistés militaires*.

(1) Contraint et forcé.

(2) Ce prix fut arrêté finalement, dans la séance du 10 mai 1917, à 0 fr.30 de l'heure, sans distinction de professionnel ou de manœuvre.

***

Au milieu des affaires les plus compliquées, la municipalité doit veiller de près à des *vols de denrées alimentaires provenant du ravitaillement hispano-américain* ; — elle doit exercer un contrôle sur les *livraisons de houille*, afin que rien du charbon servant au réapprovisionnement ne soit vendu à telle ou telle personne (1) ; — elle doit aussi pourvoir à l'aménagement de nouvelles tranchées dans la partie supérieure du cimetière Saint-Charles, aménagement essentiel pour l'inhumation des soldats français et alliés (les prisonniers roumains).

***

Les mêmes besoins ramènent, en cours d'année, les mêmes demandes, toujours justifiées, partant accueillies ; c'est ainsi que de *nouveaux prêts* sont consentis à la Société de secours mutuels, à la Caisse de retraites de nos ouvriers, à la Caisse des sapeurs-pompiers, à l'Orphelinat protestant, à l'Union mutualiste des Ardennes, et aux Fourneaux économiques.

XVI

Le 8 mars, est lu un intéressant *rapport* du Conseil d'administration *des Fourneaux économiques* : de cette œuvre il est parlé autre part (2) ; nous dirons ici que du 4 août 1914, date de leur ouverture, au 1er mars 1917, les Fourneaux ont distribué : 748.526 rations en 814 jours (défalcation faite des dimanches et jours chômés), soit 920 rations quotidiennes environ.

(1) Ceci figure à l'ordre du jour de plusieurs séances, et une affaire assez litigieuse sur ce point spécial ne prend fin que le 8 mars 1917.

(2) Voir chapitre II, auquel nous renvoyons également le récit du Contrat, intervenu le 7 avril 1917 et approuvé le 20 du même mois par le Conseil municipal, entre la ville et la Société civile des prêts.

Dans la 2me phase de mai 1915 à avril 1916, *le pain a fait défaut ;*

Dans la 3me, d'avril 1916 à novembre 1916, *plus de pommes de terre ;*

Dans la 4me, de novembre 1916 à mars 1917, *plus de viande,* et les distributions n'ont plus consisté qu'en légumes et bouillon.

A cette institution si méritante et si utile le Conseil consent — de préférence à toute autre combinaison — la vente, au prix de 20 francs les 100 kilos, de 6.136 kilos de choux-navets, dont la disposition lui a été concédée par l'autorité allemande. — Le président, M. Léon Ninnin, remercie, au nom du comité de l'œuvre, le Conseil d'avoir ainsi résolu la crise dont la pénurie de légumes mettait en péril l'existence même des Fourneaux (1). Plus tard, le 29 mai 1917, le Conseil parera à leur cessation en leur accordant par jour 3 kilos de lard et de saindoux, afin de leur permettre de doubler un cap difficile, c'est-à-dire de traverser une période particulièrement critique jusqu'aux légumes nouveaux.

***

La « *Contribution de Guerre* » forme toujours, hélas ! un chapitre important : pour 1917, il en sera levé une « comme participation aux frais et besoins de l'armée et de l'administration. » — Nos pères en 1815, et nous-mêmes en 1870-71, nous n'avons que trop connu cette triste conséquence de l'occupation ennemie ! « *Vœ victis,* Malheur aux vaincus ! » dit-on ; malheur aux pays envahis, aux pays occupés !

Les communes faisant partie du Syndicat ardennais de ravitaillement pour la région sedanaise — communes auxquelles sont annexées pour cette circonstance Villers-devant-Mouzon, Autrecourt et Yoncq ressortissant à la Commandanture de Raucourt — doivent verser du 7 au 21 avril un acompte de 1.250.000 francs sur cette contribution qui est de 4.500.000 fr.

(1) M. L. Ninnin profite de cette occasion pour signaler la générosité exemplaire de M. Collin, professeur au collège, qui versait depuis 30 mois, 25 francs *annuellement* à la caisse des Fourneaux économiques.

Nous nous étendons sur ce grave objet dans notre premier volume ; pour l'instant, ajoutons seulement que M. Jacques, directeur de la Société générale, trésorier du Syndicat de ravitaillement, n'ayant point reçu des communes dépendant de ce syndicat les autorisations nécessaires d'ordonnancement sur la Caisse syndicale, dut faire savoir à la Commandanture qu'il ne pouvait, pour l'échéance du 7 avril, lui effectuer le versement partiel de 750.000 francs exigé ; alors, la Commandanture opéra la saisie de cette somme à la Caisse même du syndicat, c'est-à-dire à la Société générale (1).

***

Puisqu'il est encore question de réapprovisionnements et de subsistances, c'est le lieu de mentionner que l'Administration municipale, émue de la difficulté toujours croissante de nous sustenter, se concerte, au cours de ce mois de mai, avec la commission compétente pour prélever sur les réserves : une quantité capable d'assurer à chaque habitant 100 grammes de pain par jour, pour 2 mois, et 500 grammes de *riz* pour la plus prochaine distribution ; — ce grain farineux, si apprécié, manquera totalement dès juillet, en même temps que plusieurs autres articles.

Nouveaux *prêts à diverses Sociétés*, telles que :

La Caisse de retraite des sapeurs-pompiers, (680 fr.) ;

L'œuvre de l'Orphelinat protestant, (3.000 fr.) ;

La Société de Secours mutuels (3.500 fr.) ;

Aux conditions d'usage et sous bénéfice des contrats de régularisation à intervenir.

Etude concluant à l'impossibilité de donner suite à une *proposition d'augmenter la ration de lard et de saindoux*, à cause de la responsabilité qu'assumerait ainsi le Conseil si les réserves venaient ensuite à faire complètement défaut ;

(1) Saisie faite par le lieutenant Marthaus au nom et comme adjudant de la Commandanture, en présence de M. Jacques et de deux témoins.

Et, dans ce même ordre d'idées :

Examen de diverses demandes de *ravitaillement à paiement différé* ;

Garantie de l'Administration municipale, donnée au dévoué M. Jacques, directeur de la Société générale, dans les *opérations financières* qu'il va être appelé à faire *au sujet d'achat de charbon pour la population* ;

Réglement assez délicat du mode d'*exploitation de coupes de bois* cédée par le propriétaire (1) à la ville ;

Efforts faits et mesures prises en vue d'arrêter les *incursions* qui prennent *dans les bois* le caractère d'une dévastation (2) ;

Règlementation du *tarif* auquel il sera traité *avec un bûcheron* ; de la manière dont la distribution sera effectuée aux habitants ; du prix de vente, etc...

Vote de 459 m. pour solde de *fournitures à la Commandanture* (3), — fournitures *relatives à l'adduction des eaux de Haybes* ;

Telles sont les questions qui sont élaborées et résolues dans les séances du 30 juin au 25 août 1917, sans préjudice des objets suivants :

Délégation de pouvoirs réguliers à l'agent spécial chargé du service de la trésorerie du Syndicat ardennais afin d'acquitter la *contribution additionnelle de guerre de* 1.125.000 *francs*, « sous la clause expresse que la part contributive de chaque commune dans cet impôt sera déterminée ultérieurement, selon telle base à fixer par qui de droit » ;

Examen de différentes réclamations présentées par des *ouvriers civils* revenant des Alleux, ou travaillant au Bureau de « l'Arbeiteramt », ou bien encore appartenant à la formation dite de la gare ;

Avis demandé au Conseil et formulé par lui, sur l'*abandon total de la valeur de la récolte* 1917 : abandon consenti en cette teneur que « le Comité du district de Charleville est autorisé

(1) M. Ch. Lamotte ; Bois Chevallier.

(2) Mois d'août 1917. Tome Ier.

(3) Mise en demeure du 3 juin 1917.

à délivrer quittance de cette somme, dont le montant sera versé au fonds du Crédit allemand et inscrit sur les livres du district au crédit de la commune » (1)...

Ajoutons la création *d'un nouveau service dans la police municipale*, service consistant en l'organisation de patrouilles et d'embuscades *afin de sévir contre les voleurs de légumes*, et il nous semble que nous aurons de la sorte résumé fidèlement les principales délibérations du Conseil au cours des mois de juillet et d'août, qui marquent la fin de cette troisième année si douloureuse de la guerre.

XVII

Les séances succèdent aux séances : dans celle du 17 septembre, le Conseil, d'abord accepte la *réclamation formulée par les marchands de charbon*, réclamation relative à leurs frais d'emmagasinage et se résumant en 1 franc de supplément sur les 6 francs primitivement prévus ;

Puis, il vote un nouveau crédit de 50.000 *francs à la Société civile de prêts*, à la suite d'un rapport très clairement exposé de M. Henri Hubert, secrétaire de la mairie, établissant que les prêts sont conscieusement examinés, régulièrement faits, avec cautions sérieuses exigées ;

Ensuite, le *Conseil* consent encore :

A un *prêt de* 11.000 *francs à la Caisse de retraite de nos ouvriers*, laquelle présente toutes les garanties voulues ;

A un autre *prêt de* 1.600 *francs à huit habitants de Saint-Hilaire-le-Petit, évacués à Sedan* ; — prêt remboursable 6 mois après la signature de la paix ;

A un *crédit de* 6.000 *francs aux Fourneaux économiques*.

(1) Les sommes ainsi abandonnées ont servi, en 1915 et 1916, au fonctionnement de ce fonds dit « Crédit allemand », destiné au ravitaillement des communes du district de Charleville (Comité d'alimentation du nord de la France), en farine allemande, charbon, pommes de terre, etc... Or, il y avait nécessité absolue de continuer le fonctionnement de ce ravitaillement.

Enfin, il s'occupe de divers objets, tels que :

La *qualité du pain*,

Le *versement du solde de leur compte aux travailleurs revenant des colonies de Châtillon*, et la *suppression* prochaine, annoncée par la Commandanture, *des conduites de gaz.* — Ce sujet préoccupe naturellement, au premier chef, l'assemblée... Très pénibles sont les circonstances ; la population ne dispose plus d'aucun mode d'éclairage ; elle n'a ni pétrole, ni bougies, ni huile ; beaucoup d'habitants sont dépourvus de l'électricité ; — de ce fait, 2.800 ménages se trouveraient absolument sans lumière.

De la soustraction du gaz résulterait, en outre, l'impossibilité d'utiliser les appareils de stérilisation constamment employés dans les pharmacies pour la préparation des médicaments ; — et pour les hospices, hôpitaux, orphelinats, ce serait une gêne de tous les instants, notamment pour l'hospice civil où se pratiquent quodiennement des opérations chirurgicales qui nécessitent aussi des appareils de stérilisation indispensables, fonctionnant au gaz...

L'administration fera valoir tous ces motifs d'ordre majeur auprès de l'autorité allemande afin que le gaz ne soit pas enlevé à la population ; et cette affaire donne lieu avec le capitaine Zur Strassen à une correspondance qui fera surseoir jusqu'en janvier, sinon à un maintien intégral, du moins à une suppression générale du gaz.

***

En la réunion du 22 septembre, le Conseil, soucieux du manque d'eau à Sedan, — résultat de la forte consommation faite par les diverses formations allemandes, — souscrit au principe de prise en charge par la Ville des dépenses occasionnées par une nouvelle canalisation pour l'amenée des *eaux de Haybes* : la source à capter se trouve à 450 mètres environ du point où existe la machine à vapeur, et les devis approximatifs pour la fourniture des tuyaux en poterie, pour les fouilles, la pose et les différentes fournitures accessoires se montent à 45.000 fr.

L'Assemblée communale, dans la même séance :

Regrette vivement de ne pouvoir faire droit à la pétition d'ouvriers civils réquisitionnés par les Allemands, — pétition tendant à obtenir une augmentation de salaire ; ceux de ces ouvriers dont le salaire ne suffirait point à assurer l'existence de leur famille, pourraient d'ailleurs adresser une demande de secours à l'Administration qui la soumettrait au Bureau de Bienfaisance.

***

Le 29 septembre, c'est à la *Caisse de retraite des sapeurs-pompiers* et à *l'Orphelinat protestant* que sont votés de nouveaux prêts :

817 fr. 50 à ladite Caisse pour assurer le paiement des pensions aux retraités et les subsides aux veuves et orphelins admis à la Caisse ;

Et 3.000 fr. à la seconde institution.

Le Conseil n'a garde d'oublier LA CRÈCHE : il la subventionne.

A ce propos, rappelons le récit que M. le professeur Calmette, de Lille, a fait à l'Académie de médecine, récit émouvant des souffrances de nos malheureux compatriotes (inter quos nos !) *pendant la cruelle occupation allemande.*

A la suite de cette grave communication et sur l'initiative de la Ligue d'hygiène scolaire, *une enquête médicale sur l'état sanitaire des enfants des écoles a été faite par le Dr Heuger dans le Nord et par le Dr Genevrier*, dans les Ardennes. *Les résultats, communiqués à l'Académie de médecine, en sa séance du* 29 *avril* 1919, *sont déplorables et dépassent tout ce qu'on pouvait imaginer, car ils impliquent que « les générations d'enfants qui ont souffert de l'invasion teutone sont compromises définitivement. »*

Ces enfants n'ont pu se développer parce qu'ils n'ont pas eu à manger. Pendant 4 ans et plus, ils ont souffert de la faim ! Nourrissons, ils s'épuisaient en vain à têter un sein déjà tari par les privations imposées à la mère. L'allaitement artificiel qui aurait pu suppléer était impossible ! Dès le début d'octobre 1914, *en effet, le lait de vache devint rare. Réservé pourtant aux enfants et aux malades, bientôt il devint introuvable...*

Beaucoup de ces pauvres petits êtres n'ont pu supporter tant de fatigues et toutes ces privations. Le Dr Genevrier estime que la mortalité infantile a dépassé de plus de 30 pour cent les chiffres d'avant-guerre !

— Le Conseil passe à l'examen, puis à l'homologation — avec approbation — du *compte dit de guerre*, au 30 juin 1917.

A l'ordre du même jour figure une *taxation pour l'achat et la vente des légumes*, — vente et achat qui prêtent à trop d'abus ; cette taxation est fixée, et les dispositions en sont rendues publiques par voie d'affiche.

***

Une douloureuse communication est faite, le 15 novembre, au Conseil et à la Commission des otages (1) : un ordre de la Commandanture, exige, en effet, la désignation, pour ce jour-là même, à quatre heures, de trois notables sedanais qui partiront en Allemagne.

L'Assemblée déclare ne pouvoir absolument pas indiquer ces trois personnes ; elle s'arrête au parti de dresser la liste de tous les notables, sans exception ni distinction de profession, et de la remettre à la Commandanture à qui demeurera ainsi la responsabilité du choix des victimes (2)

(1) Réunion provoquée d'urgence et tenue rue Rovigo, nº 2, dans l'ancien magasin de M. V. Liénard, lequel est dès lors imposé à la ville par l'Autorité allemande qui a pris possession de l'ancienne salle de la mairie, le 20 octobre 1917.

(2) Voir notre premier volume. Si ces deux chapitres présentent quelques répétitions, du moins ils se complètent l'un par l'autre : celui-ci a l'empreinte en quelque sorte officielle ; celui-là un cachet tout personnel ; mais — nous pouvons le dire — absolument véridique.

*
* *

Au Conseil incombent encore des tâches multiples et des études revenant très fréquemment sur le tapis : tel le réglement des questions suivantes :

Celles-ci relatives aux ouvriers civils réquisitionnés, (réclamations pour les salaires) ;

Celles-là ayant trait aux ouvriers obligés de travailler dans les formations allemandes ;

Les unes concernant les comptes de ravitaillement avec la C. R. B. et les comités opérant avec cette commission ;

Les autres touchant aux ravitaillements à paiement différé.

Et tout cela ne va point toujours — on le suppose bien — sans soulever certains incidents, ou provoquer quelques interpellations !...

Le Conseil municipal s'efforce d'agir toujours au mieux et d'aplanir toutes les difficultés comme, surtout, celle que suscite le service du charbon commercial. A ce propos, il faut multiplier démarches, négociations, pourparlers. En deux mots : les livraisons du charbon ont commencé le 7 août 1916, et cessé le 13 décembre de la même année. Le Conseil est en mesure, seulement au mois de novembre 1917, de décider le remboursement aux personnes ayant commandé de la houille des sommes par elles versées ; et il vote, par régularité, un crédit de 11.640 fr.

Cet aperçu ne peut donner qu'une faible idée des complications de toute sorte, sur lesquelles on sera édifié par la lecture complète des procès-verbaux de la mairie et du dossier afférent à cette affaire.

*
* *

Fatalement, la guerre amène, en se prolongeant, la réédition de ces appels que nous avons déjà tant de fois consignés et que nous aurons à consigner encore, dans la triste succession de nos malheurs : nous parlons ici de la nécessité où se trouvent des sociétés, comme les Caisses de retraites de nos ouvriers sedanais ; de nos sapeurs-pompiers ; comme aussi l'œuvre des enfants assistés et pupilles de l'Assistance publique des Ardennes; l'Orphelinat protestant ; l'œuvre des Fourneaux économiques ; la Société de prévoyance et de secours mutuels,... de demander de nouveaux prêts au Conseil municipal, qui — vu la notoriété dont jouissent les unes et les autres — accueille toujours favorablement de semblables requêtes. Le Conseil vote même une augmentation annuelle, d'avance, aux dits enfants assistés de notre département, eu égard aux circonstances actuelles, au surenchérissement des vivres et aux difficultés énormes d'existence.

XVIII

L'enlèvement de vingt-deux Sedanais et de douze Sedanaises comme otages en Allemagne, au mois de janvier (1), par l'administration militaire à titre de représailles (?) inspire au maire une allocution où il exprime « les profonds regrets du Conseil au sujet d'une telle mesure qui le prive de deux de ses membres MM. *Hansquine* et *Richard*, et ravit trente-quatre de nos concitoyens à leurs familles (2)... » Au nom de ses collègues qui s'associent à ses sentiments, et en son propre nom, M. A. Grandpierre « félicite les exilés de l'honneur à eux fait de personnifier la France ».

Sont mises au point, dans cette dernière séance de l'année 1917 des questions relatives :

A l'exploitation de bois communaux (3) ;

A une distribution de charbons (tout venant) à la population.

Et à l'acquisition de bœufs et de buffles (4).

(1) Voir notre premier volume : mois de janvier 1918.

(2) M. V. Gonthier étant décédé le 2 décembre 1917, les membres du Conseil se trouvent réduits à six : *apparent rari.*

(3) Coupe au bois Chevallier pour la boulangerie, entente à ce sujet avec M. Ch. Lamotte.

(4) Les prix de ces animaux varièrent de 750 à 800 marks. (8 bœufs et buffles.)

Sur le thème des *Cuisines de guerre*, dont la Commandanture prescrit, à une échéance assez prochaine, l'installation en faveur des familles peu nombreuses dont tous les membres vaquent au travail, l'unanimité est acquise à ce fait qu'en dehors même de l'impossibilité matérielle de les établir (1), il y aurait fatigue et perte de temps énormes pour les Sedanais obligés de revenir des terrains qu'ils sont allés cultiver, afin de prendre en ville, à heure fixe, le repas de midi facilement emporté par eux et consommé sur le lieu même de leur labeur. Puis resterait cette considération, « toute d'équité », qu'il ne convenait pas de confisquer, au profit de la masse, les modestes réserves que les prévoyants et parcimonieux peuvent parfois réaliser sur la ration d'un ou de plusieurs membres d'une famille, lorsque celle-ci est suffisamment nombreuse.

En définitive, cette idée fut jugée impraticable et n'eut pas de suite.

***

Pourvoir :

A l'aménagement, très compliqué, de logements pour des ouvriers civils, des émigrés et des évacués, dont la charge est laissée à la municipalité par la Commandanture ;

A la réorganisation du service de police en fusionnant les agents et les gardes civils ;

A la liquidation de pension à Mme Paul Laroche, veuve du professeur décédé, otage, à Vilna (2) ;

Au réglement de la consommation du gaz, avec l'autorité militaire (3) ;

A divers comptes pour réquisitions de guerre ;

A l'examen de nouveaux emprunts, sollicités par la société civile des prêts et différentes associations ;

(1) Il n'y avait plus d'objets de cuisine à Sedan, ni de locaux assez vastes.

(2) Se référer à notre premier volume, mois de mars 1918.

(3) Objet d'un long et consciencieux rapport de M. Henri Hubert, secrétaire général, présenté dans la séance du 21 mars 1918, et auquel nous devons renvoyer le lecteur.

voilà, entre beaucoup d'autres, des travaux qui s'imposent au Conseil de janvier à mars 1918.

* * *

Hormis une approbation des comptes de la commune de Sedan, les uns avec la Commission de ravitaillement (For relief in Belgium), et les autres avec quatre négociants de la ville pour remboursement aux personnes n'ayant point reçu, contre leur versement, de charbon commercial en 1916, *les six* membres, représentant le Conseil municipal, n'ont pas à s'occuper le 8 juin 1918, de sujets très graves, relatifs à notre état de guerre ou d'occupation.

En effet, l'examen d'une augmentation de salaires demandée — vu la cherté des vivres — par des ouvriers civils (1) ; — des emprunts à consentir à telle œuvre et telle société ; — des dispositions à prendre pour l'arpentage de terrains distribués aux habitants en vue de la plantation de pommes de terre ; — l'admission de diverses personnes au bénéfice du ravitaillement à paiement différé ; etc... ce sont là désormais questions courantes et, pour ainsi dire, de roulement ordinaire.

Plus intéressante est peut-être la décision que les réparations, de nature quelconque, faites à des immeubles, sur instance des locataires, en l'absence des propriétaires ou gérants, ne seront pas prises en charge par la ville.

Le Conseil se peut féliciter de son vote de traitement mensuel (avec rétroactivité au 15 décembre 1917) à Melle Yvonne Laroche, institutrice suppléante au collège Turenne (2), fille du regretté professeur, mort pour la France à Vilna.

(1) Dix centimes de majoration par heure.

(2) Par nomination du recteur d'Académie, à Lille, et de l'inspecteur d'Académie, à Mézières.

***

Nous avons laissé la question de l'*adduction des eaux de Haybes* au point précis où elle se trouvait en septembre 1917 : il faut, le 1er juillet encore, s'en occuper plutôt qu'en délibérer ; car l'engagement est imposé à la ville de payer à l'autorité allemande le nouveau matériel nécessaire au remplacement de la machine à vapeur et de la pompe de Haybes que leur ancienneté ou vétusté rend insuffisantes. Le Conseil se borne, du moins, au regret platonique de n'avoir pas eu communication de catalogues et devis lui permettant de se rendre compte, d'une façon approximative, du montant de l'engagement qu'il est sommé de prendre.

Mais ce n'est pas tout : le 20 août, la Commandanture avise la ville que l'approvisionnement d'eau à Sedan devient, d'après les experts, de plus en plus difficile : des machines vont être commandées tout de suite, lesquelles agrandiront la distribution des eaux de Haybes ; les frais seront de 35.000 marks environ, et la mairie devra déposer cette somme à la Commandanture qui se chargera d'exécuter aussitôt les travaux.

Ici l'on peut et l'on doit discuter. Que veut-on, en résumé et en réalité ? l'approvisionnement rapide de la ville en eaux. Or, si l'on entend poser deux pompes actionnées par un moteur électrique, ce sera long et d'autant plus coûteux qu'il ne peut s'agir d'une installation durable et définitive ; — que si, au contraire, on aménage une locomobile de 20 chevaux actionnant la pompe nº 1, et débitant 960 mc, ce sera exécutable à courte échéance, et le résultat sera satisfaisant.

Tout bien pesé, le Conseil passe cette proposition à l'autorité allemande, sous bénéfice de l'observation, très importante, qu'il y aurait danger à mêler l'eau de la source abandonnée à celle qui est actuellement utilisée ; en effet, la première contient des eaux de surface et des eaux d'étang, susceptibles d'être, d'un instant à l'autre, contaminées et capables de compromettre gravement la santé publique.

Trois semaines après (le 20 septembre), la « Kommandantur » notifie qu'elle maintient son exigence d'installation de deux nouvelles pompes : les deux moteurs électriques seront loués à la ville par l'autorité allemande et repris à la fin de l'occupation. La note à payer se montera, pour le moment, à 25.000 marks pour la construction du réservoir et du hangar, et la mairie enverra son consentement pour le lendemain 30 août, à midi.

Avant de répondre, la municipalité réclame les conditions auxquelles lui seront loués des moteurs électriques, des transformateurs, etc., Elle demande le prix du kilowatt et la puissance nécessaire au fonctionnement des appareils. Elle reçoit réponse que ces divers frais de location s'élèveraient annuellement à 3.400 marks, et que le prix du kilowatt était de 10 pf —. Après nouvelle étude, le Conseil vote finalement :

16.540 marks, payables par mensualités, pour frais courants annuels de location et de force électrique pour la station d'amenée des eaux de Haybes ;

17.500 marks pour achat de deux pompes de chacune 20 chevaux,

Et prend à sa charge la construction du hangar et les dépenses nécessaires à l'installation des pompes ;

Laisse à la charge de l'autorité allemande, qui en est propriétaire, les frais de réparation de tout l'appareillage électrique ;

Et, invoquant la convention de la Haye, demande à l'Administration allemande qu'une déduction correspondante à cette somme soit faite sur le chiffre qui incombera à la ville de Sedan, en participation de la nouvelle contribution de guerre imposée au Syndicat sedanais.

Pour cette affaire, nous porterons ici la mention mise au bas d'articles en cours : « *à suivre* » ; assez grave est-elle, on le voit, pour retenir l'attention des sept édiles qui composent le Conseil.

Après s'être occupés de l'entretien des fontaines publiques, des bouches d'incendie, les Conseillers estiment nécessaire d'enrayer la majoration que font subir, dès cette époque de l'année (juin 1918) les cultivateurs et jardiniers aux prix des légumes, et ils prennent un arrêté aux termes duquel le prix de ces denrées alimentaires sera réglementé par un tarif.

Ils votent encore de nouveaux prêts à diverses caisses, compagnies ou sociétés ; puis ils traitent de l'agrandissement du *cimetière Saint-Charles*. En raison, effectivement, des douloureuses circonstances créées par la guerre, il faut pourvoir à l'inhumation convenable des militaires et des prisonniers civils ; c'est l'objet d'un rapport très étudié de M. Stengel, et il est décidé que les allées latérales seront établies en prolongement de celles du cimetière, et les abouts des tranchées régularisés en conséquence ; l'allée centrale sera maintenue telle qu'elle existe (à 21 mètres de largeur) ; enfin, il ne sera pas, présentement, fait de chemin transversal entre les tombes des prisonniers civils et celles des militaires. — Ces détails relatifs au grand dortoir ne sont point sans intérêt.

Relevons un épisode impressionnant de la séance du 29 juillet : nos otages sedanais sont revenus d'Allemagne (1), et, à cette occasion, M. Grandpierre prononce l'allocution suivante, aux sentiments de laquelle s'associent ses collègues :

« *Depuis notre dernière réunion, les notables sedanais — hommes et femmes — emmenés à titre de représailles comme otages en Allemagne dans le courant de janvier ont vu finir la dure épreuve à laquelle ils étaient soumis. Quelques-uns se sont rendus en France non occupée ; le plus grand nombre sont rentrés à Sedan et ont repris leur place dans leur famille. Je crois être l'interprète du Conseil municipal tout entier en leur adressant nos félicitations, et en exprimant à nos concitoyens notre plaisir de les revoir parmi nous.*

« *Malheureusement, deux d'entre eux, MM. Paul Laroche et Ch. Hulot, ont succombé à leur tâche ! Placés comme tous leurs*

(1) Voir, pour les détails, notre premier volume, mois de juillet 1918.

compatriotes-otages en des conditions d'existence si différentes de la leur, ils n'ont pu triompher de la maladie qui les a frappés : aujourd'hui leur corps repose en terre étrangère. Nous adressons à la mémoire de ces deux malheureux concitoyens un souvenir, et à leurs familles soumises à une si rude épreuve l'expression de nos plus sympathiques condéléances ! »

***

On vient ensuite à différents sujets fixés par l'ordre du jour :

C'est le vote d'un crédit de 726 francs, pour avance à la Cie du gaz ; c'est le règlement de certains comptes (réquisitions de guerre) ; c'est l'entente avec les jardiniers de la ville pour la tarification des légumes ; c'est enfin et surtout la mise sous les yeux de l'Assemblée de la situation financière au 30 juin 1918 ; elle se résume ainsi :

Doit	fr. 9.601.103 96
Avoir.	— 6.274.752 37
Dette totale.	fr. 3.326.351 59 (*A*)

***

Au sujet de la demande faite par la « Kommandantur » à la ville de payer 8.000 marks pour les matériaux employés à la réparation de deux maisons (*B*) qui ont subi un incendie en août 1918, le Conseil prend une sage délibération : la ville ne peut solder ces frais, attendu que légalement une commune ne doit pas se substituer pour cas semblable au propriétaire ; et qu'une décision contraire ne serait, du reste, aucunement ratifiée par l'Administration supérieure française, en fin d'hostilités.

Et le Conseil ajoute avec raison que la ville de Sedan participe, par ailleurs, à ces frais, puisqu'elle paie chaque semaine les ouvriers travaillant à la réfection de ces immeubles.

(*A*) Séance du 20 août 1918 ; voir le compte détaillé.

(*B*) Nos 22 et 24 rue du Ménil.

XIX

Les séances des 25 septembre et 22 octobre sont les deux dernières que tient le Conseil pendant les hostilités ; des procès verbaux nous n'avons à recueillir que les points suivants :

Prêts de 10.000 francs à la Caisse de retraite de nos ouvriers sedanais, et de 680 francs à celle de nos sapeurs-pompiers ; régularisations diverses de comptes afférents à des réquisitions de guerre ; vote, *sur ordre formel*, de la prise à sa charge par la Ville des frais d'adduction des eaux de Haybes, sans que ces frais soient déduits de la contribution de guerre : le Conseil avait introduit la demande de déduction desdites dépenses, en se basant sur la convention de La Haye, et en arguant que l'installation dirigée par les Allemands, était nécessaire aux besoins de leur armée. La Commandanture rejeta cette considération, prétendant que « ce débit de Haybes était profitable aussi à la population et qu'elle — « Kommandantur » — n'avait « pas à s'occuper si le Conseil envisageait comme définitive ou « non, cette installation ».

Sans doute pressée par les circonstances, et avide de *prendre* jusque dans son agonie, l'autorité mit encore en demeure la municipalité de payer à l'hopital d'Asfeld 9.870 fr. 80 pour frais d'hospitalisation de Français malades, venus de diverses communes et soignés dans cet établissement ; — cette somme devait être, d'ailleurs, récupérée après les hostilités.

Ce furent les dernières affaires traitées sous le joug allemand par le Conseil.

Le 11 novembre, en effet, l'armistice était signé ; — après 4 longues années d'appréhensions douloureuses, d'angoisses terribles, la victoire était enfin revenue planer dans le ciel de notre France et se fixer aux plis de nos drapeaux. Ce cri magique de *Victoire* jaillissait de toutes les poitrines françaises ; la guerre était finie ; finie la sanglante tuerie ; évanoui le cauchemar affreux, et cela après 4 mois d'événements tout à fait impressionnants s'étant succédé dans une marche rapide, dans un ordre implacable et amenant chacun de nos ennemis à la défaite, à la capitulation !

Évidemment, du fait de la guerre, de bien lourds et multiples travaux, de très grosses questions à régler, de fort laborieuses liquidations à conduire, attendent nos futures assemblées communales ; mais, du moins, nous sommes délivrés de nos barbares oppresseurs... Et si les bandits n'avaient pas brisé nos cloches, les carillons de nos églises se seraient élancés, vifs et allègres, et auraient fait écho à ceux de France qui apportaient en ces premiers jours de novembre, l'annonce joyeuse du triomphe (1) !...

(1) Le poids total de nos cloches de Saint-Charles ne s'élève pas à moins de 6.203 kilos. (Voir notre article dans le *Bulletin paroissial* de mai 1914, p. 59 à 63).

A un émigré qui nous demandait pourquoi l'on ne sonnait pas les cloches, nous dûmes répondre : « Avec quel bonheur elles eussent salué la rentrée dans notre pauvre ville de nos soldats victorieux ; mais ignorez-vous donc que les Boches ont cassé, enlevé *toutes* nos cloches ?

— Nous l'avions ouï dire ; mais nous ne pouvions le croire... »

C'est bien cette pensée que beaucoup ne voudraient pas ajouter foi à l'étendue de nos malheurs, qui nous a inspiré ce livre, *pro veritate !*

CHAPITRE II

ŒUVRES D'ASSISTANCE, DE SECOURS, DE PRÊTS

A. LES FOURNEAUX ÉCONOMIQUES. — B. LA COMMISSION DE SECOURS. — C. LA SOCIÉTÉ CIVILE DES PRÊTS. — D. LA MATERNITÉ.

OUVROIRS : OUVROIR MUNICIPAL ; OUVROIR DEVIN ; OUVROIRS DES ORPHELINES ; OUVROIR DU PATRONAGE JEANNE D'ARC ; OUVROIR DE LA LIGUE PATRIOTIQUE DES DAMES FRANÇAISES.

CONFÉRENCE DE SAINT-VINCENT-DE-PAUL. — « L'UNION DE SAINT-BLAISE »,

HOSPICE. — BUREAU DE BIENFAISANCE. — LA CRÈCHE.

A

Fourneaux économiques.

L'action des œuvres de bienfaisance se lie à la pensée de bien des situations gênées, mais en même temps elle est, par son but même, fort belle, et c'est un repos de s'y arrêter.

Déjà nous avons eu l'occasion de parler des *Fourneaux économiques* (1) : ils avaient, en 1870-71, rendu de signalés services que nous avons consignés dans notre livre sur Sedan à cette

(1) Voir le chapitre Ier ; Conseil municipal.

triste époque ; mais il n'est pas de comparaison à établir entre leur fonctionnement d'alors et celui de 1914-1918.

Cette institution, naguère si largement soutenue par MM. André et Léon Ninnin, fut dès la première heure de la guerre, reprise par celui-ci, en mémoire, nous pouvons bien le dire, de son regretté frère, et comme impérieusement réclamée par les circonstances.

***

En 4 ans et 4 mois, du 4 août 1914 au 3 décembre 1918 (A), les Fourneaux économiques distribuèrent 1.097.486 rations, dont la répartition est intéressante :

775.885 jetons,
103.624 rations aux prisonniers et aux émigrés,
217.977 rations payantes.
1.097.486 rations (B), comprenant :
1.094.969 rations de bouillon,
690.025 rations de viande,
387.065 rations de pain,
443.835 rations de pommes de terre,
1.097.486 rations d'autres légumes.
soit 3.713.380 rations diverses.

Le bilan des Fourneaux s'établit ainsi :

En caisse au 4 août 1914. . . .	fr.	294 25
Souscriptions	—	22.623 40
Vente de jetons	—	6 90
Levée du tronc	—	11.85
Rations payées 217.977 pour . .	—	32.696.55
Subventions de la Ville	—	176.000 »
	fr.	231.632 95

(A) Du 8 au 25 novembre 1918, les Fourneaux ont chômé.

(B) 1.097.486 rations en 1.342 jours, soit en moyenne par jour 818 rations ; — Prix de la ration : 0 fr.216.

Les dépenses se totalisent comme suit :

Pain	fr.	25.006 20
Viande	—	132.575 90
Légumes	—	48.998 05
Sel	—	1.054 80
Aménagement et matériel . . .	—	993 30
Divers	—	1.061 35
Charbon, bois, éclairage	—	5.815 30
Appointements du personnel . . .	—	14.223 »
En caisse le 3 décembre 1918. . .	—	1.905 05
	fr.	231.632 95
EN CAISSE.	—	1.905 05
	fr.	229.727 90
Redû à deux bouchers :	—	693 90
	—	6.248 50
MONTANT DES DÉPENSES.	fr.	236.670 30

***

Si les récompenses sont l'éloge de ceux à qui elles sont décernées, cette gestion et ces chiffres sont à la louange du Comité administrateur chaque jour à la peine pour la préparation, la distribution, la surveillance, les écritures, les approvisionnements de toute espèce, et les mille détails dont on se doute seulement quand on est à la peine. Et il faut en avoir été les témoins édifiés pour féliciter de leur long et énergique dévouement, qui n'a pas connu de défaillance, MM. Léon Ninnin, Pime-Godron, E. Colas, Porte ; M. et Mme Hollinger et leurs enfants ; les ouvrières si exactes ; et ces *Filles de la Charité* quotidiennement de service, levées de grand matin, debout pendant plus de quatre heures, et servant avec un gracieux empressement chaque arrivant.

Dans un beau livre (1), Maxime du Camp rendait un délicat hommage à « *Sœur Marie* », qui s'efforçait de dissimuler sa constante abnégation sous les ailes de sa coiffe blanche... « Sœurs Angèle, Elisabeth et Augustine », vous avez été admirables, comme les Filles de Saint-Vincent-de-Paul, dans notre Hospice de Sedan et nos hôpitaux, et sur les champs de bataille, partout enfin où l'on a pu vous voir à l'œuvre ; — telles aussi, à toute heure, *les Petites Sœurs des pauvres*, en leur asile des vieillards à Glaire (2) !...

B

Commission de Secours.

A côté des Fourneaux, une *Commission de Secours*, entrée en fonctions le 9 octobre 1914, rendait d'inappréciables services.

Au 10 janvier 1918, elle avait donné. fr. 48.433 35

Et n'avait plus, disponibles, que. . fr. 3.587 50 (A)

La gratitude unanime doit aller à chacun de ses quinze membres ; c'étaient MM. L. Ninnin, vice-président ; A Rouy, secrétaire-trésorier, qui fournit un labeur considérable (3) ; M. l'archiprêtre Delozanne ; M. le doyen Adam ; M. le pasteur Cosson ; MM. Paul Bacot ; E. Béchet de Balan ; Ad. Benoît, Bourdet, conseiller municipal (4) ; Guibourg (5) ; Ch. Lamotte ; Aug. Philippoteaux ; Alfred Pierrot ; J. Tavernier et K. Weill.

Les subventions que nous avons mentionnées (Chapitre Ier, *passim*), les libéralités de beaucoup de Sedanais, provoquées ou recueillies par des commissaires très dévoués dans cette

(1) « *La Charité privée, à Paris.* »

(2) Nous avons parlé plusieurs fois des dignes *Petites Sœurs* de l'abbé Le Pailleur, dans notre premier volume.

(A) Plus 835 fr. à toucher de diverses souscriptions, recouvrables après la guerre.

(3) Enlevé en Allemagne comme otage (Vergeltungsgefangener) !! le 6 janvier 1918.

(4) Décédé en mai 1916.

(5) Décédé en juillet 1917.

tâche aussi méritoire qu'essentielle, fûrent les sources qui permirent au Comité d'agir activement : ses bienfaisants offices suffisent à son panégyrique.

***

Ajoutons cependant qu'à l'approche du deuxième hiver, angoissant, de la guerre, MM. Alf. Pierrot et J. Tavernier se mirent encore vaillamment en campagne, encouragés par la générosité du Comité, prêchant eux-mêmes d'exemple et faisant appel à de nouveaux élans par la remise d'une persuasive poésie de l'une de nos concitoyennes, Melle M. Tangre :

« ....Donnons afin qu'après la guerre
« Le père avec bonheur serre encore en ses bras
« Tous ceux qu'il a quittés pour courir aux combats.
« Et si son nom, grandi par un noble martyre,
« Est celui d'un héros que la patrie admire,
« Héros obscur tombé dans l'ombre du chemin,
« Mais qu'une grande voix glorifiera demain,
« Donnons pour que d'en haut il contemple, il bénisse
« L'amour qui pour les siens va jusqu'au sacrifice... »

La vision de la douce et compatissante charité console un peu des spectacles de la force brutale et sans entrailles !

Ce fut vraiment miracle qu'en juin 1916 les ressources de la Commission étant épuisées, et leur santé trahissant les deux quêteurs, si méritants, MM. J. Tavernier et A. Pierrot (1), 5.000 francs purent être derechef réunis (2) ; et, sur le rapport du secrétaire M. A. Rouy, une somme égale fut obtenue du Conseil municipal.

En 1917-18, la collecte fut faite par Mmes Chapsal, Charles Halleux et George Rozoy.

(1) Très estimés, M. Alfred Pierrot, négociant en laines, succomba le 20 juin 1916, et M. J. Tavernier, le 28 février 1919, laissant à Sedan beaucoup de regrets.

(2) Sur cette somme de 5.000 francs, les membres de la Commission s'inscrivirent eux-mêmes pour la moitié.

On se trouva, de la sorte, pouvoir aller encore au plus pressé ; et, au mois de janvier 1918, avaient été accordés les importants secours que nous avons dits tout à l'heure. — (Au 31 octobre de la même année, ils atteignaient le chiffre de 51.833 fr.75.)

C

Société civile des Prêts

Quant à la *Société civile des prêts*, son action était aussi étendue qu'opportune ; toutes les classes s'adressaient à elles.

Des actes absolument réguliers ayant été passés, le Conseil municipal avait mis à sa disposition, depuis le 17 novembre 1914 jusqu'en mars 1917, des sommes successives s'élevant ensemble à 550.000 francs, dont les quarante-six sociétaires garantissaient le remboursement à la municipalité, dans l'année de la cessation des hostilités.

Cette coopération effective de la ville permit à l'œuvre des prêts de venir en aide à des situations très gênées, et à beaucoup de nos concitoyens de subsister, tellement l'existence était précaire pour tous (1).

Mais au printemps de 1917, la Société devait aviser le maire qu'il lui était impossible de prolonger ; car ses prêts atteignaient presque 550.000 francs, et les garanties déposées n'autorisaient plus à s'engager au-delà. — Trop surchargée déjà, la Ville ne pouvait reprendre purement et simplement pour son compte personnel les opérations de la Société. Heureusement, un contrat intervint, aux termes duquel « la Ville de Sedan continuait ces « opérations, en faveur des emprunteurs justifiant des cautions « suffisantes, sous les mêmes conditions et formes que précé-

(1) Chaque semaine, avec la plus louable ponctualité, depuis novembre 1914, les quatre notaires : MM. F. Cousin, A. Rouy, G. Ninnin, Paul Piquart ; et MM. Jacques, directeur de la Société générale ; Sarrut, gérant du Crédit Lyonnais, et Lange, sous-directeur du Comptoir national d'Escompte, se réunirent en vue d'examiner les diverses demandes.

« demment, et ce par l'entremise de la Commission (1) ». Une clause expresse notifiait que, par acte séparé, tous les membres de ladite Société civile ou leurs représentants ratifiaient entièrement la convention faite ; et qu'un délégué de la municipalité serait adjoint à la Commission : M. Henri Hubert, chef du Secrétariat de la mairie, fut désigné à ce titre.

Pour l'application de ce nouveau service, un premier crédit de 50.000 francs fut voté, le 20 avril, par le Conseil ; de ce mois d'avril au 31 décembre 1917, la Ville prêta — avec le concours de la Commission — encore 87.000 francs (2), et au 31 octobre 1918, le chiffre total des prêts était de 654.000 francs.

D

La Maternité.

Entreprendre de retracer le concours excellent de tant d'œuvres privées, pendant cette abominable guerre, serait au-dessus de notre faiblesse ! Nous laisserions, malgré nous, dans l'ombre trop de dévouements qui se prodiguèrent, trop de bonnes et généreuses volontés qui surent se multiplier. Mais la récompense de ces pieuses initiatives appartient à Celui qui, selon le mot d'Ozanam, ne laisse pas plus se perdre une goutte de nos sueurs qu'une perle de ses rosées.

Ici, *la Société de la Maternité* se dépense ; elle tient ses réunions comme au temps de la paix, le premier lundi de chaque mois, d'abord chez Mme Em. Meyer, vice-présidente (3), et ensuite chez Mme Charles Halleux qui cumule valeureusement la triple charge de présidente, de secrétaire et de trésorière. Laissons-lui la parole pour résumer, par exemple, en quelques mots précis, à ses co-associées les travaux de la Maternité, dans la séance du 7 février 1916 :

(1) Article II du Contrat, arrêté par des jurisconsultes.

(2) Soit au total : 637.000 prêtés au 31 décembre 1917.

(3) Depuis le mois d'août 1914 jusqu'au moment de son départ en juin 1915.

« Depuis le début de la guerre, nous avons donné 106 layettes, tant complètes que partielles. A cause de la difficulté des circonstances, nous avons étendu nos secours aux femmes qui accouchaient d'un premier enfant, et à celles qui, ayant eu leur maison incendiée à Givonne, Glaire ou Donchery, venaient se réfugier à la Maternité de l'hospice. Les femmes secourues ont toutes reçu 10 francs pour leur bon de viande, 3 francs pour celui de houille ; ceux de lait leur ont tous été régulièrement payés..

« Grâce au crédit qu'ont bien voulu nous faire MM. Pierret et Comilia, Mmes Jeanteur, Socquet et Mangin ; grâce aux fonds que nous a versés la Banque Claude-Lafontaine (dépositaire de nos titres) soit 1.800 francs ; grâce aux cotisations des Dames administratives, déléguées et honoraires restées à Sedan, cotisations qui s'élèvent à 1.170 francs, nous avons pu jusqu'ici faire face à toutes les dépenses et avoir encore, à l'heure actuelle, en caisse la somme de 345 fr. 57.

« Nous osons donc espérer que notre Société sera à même de remplir son but si utile jusqu'à l'heure tant désirée de la libération.

« Grâce, enfin, à la Commission de secours, nous avons mis à la disposition du docteur Molard 300 francs pour achat de lait et de farines pour les enfants qu'on lui amène deux fois par semaine à ses consultations de l'hospice, et qu'il soigne avec autant de dévouement que d'intelligence. »

En 1916 et 1917, le même Conseil pouvait se rendre le témoignage qu'il avait non moins ponctuellement tenu ses séances mensuelles, au cours desquelles il avait voté et donné 43 layettes, des chemises et de nombreuses paires de draps : subsides infiniment appréciables en la pénurie où l'on se trouvait des choses les plus essentielles ; allocation d'autant plus méritoire que les étoffes nécessaires *ad hoc* étaient plus rares.

Les cotisations de quatorze dames administrantes et de vingt-neuf dames honoraires, présentes à Sedan, quelques dons et la somme de 500 francs généreusement remise à *la Maternité* par Mme P. Piquart, en souvenir de sa mère, Mme Georges de Guer, décédée en 1916, avaient permis encore au Conseil de gratifier les femmes en couches de secours en viande, houille, lait ; et d'acquitter les honoraires dus à deux docteurs.

***

En résumé, les layettes données par la Société si secourable de la Maternité, se sont élevées, du mois d'août 1914 au mois d'août 1918 au total de 157.

Ouvroirs.

Là, des *ouvroirs* pourvoient à d'urgents besoins : ce sont, à la lettre, des ateliers actifs de charité : *Ouvroir municipal* (1), *Ouvroir Devin*, *Ouvroir annexe à l'œuvre des orphelines* (2), *Ouvroir paroissial du patronage Jeanne d'Arc* (3) qui fournissent de l'occupation à beaucoup de jeunes filles et d'où sortent des travaux très bien conditionnés ;

Ouvroir de la Ligue patriotique des dames françaises, pouvant distribuer une quantité appréciable de robes et des effets de première utilité. Résumant en janvier 1916 à ses collaboratrices les labeurs et répartitions de 1915 et les remerciant de leur concours assidu, Mme Ch. Halleux pouvait dire : « Le souvenir de nos « séances et de la joie que nous avons causée aux pauvres sera « la consolation des jours cruels que nous avons traversés et traversons encore ensemble. » Et elle ajoutait délicatement : « Nous nous réunissons, Monsieur l'Archiprêtre, pour souhaiter que votre paroisse vous donne tout dédommagement en cette « année 1916 et récompense ainsi votre incessant dévouement... »

(1) Voir, au Conseil municipal, intéressant rapport de la directrice, constatant la présence, au 29 décembre 1917, de douze élèves.

(2) Melle M. Reiter.

(3) Melle G. Sthurler.

Sociétés.

Ailleurs, la *Conférence de Saint-Vincent-de-Paul*, dont l'effectif est réduit de plus de moitié, parce que vingt de ses membres paient leur devoir à la patrie, tient à honneur de seconder les écoles libres dans la mesure de ses moyens.

Ailleurs encore, la *Société de Saint-Blaise* « *l'Union* » tend une main généreusement amie à des familles ouvrières (1).

Mme Paul Devin (prise comme otage en janvier 1918) a, chez elle, assez longtemps, outre un bel ouvroir, une *école ménagère* fréquentée par une vingtaine de jeunes filles ; et elle — dont le mari a été glorieusement blessé à Verdun — a ouvert toute grande sa maison (2) : une partie de la journée aux élèves du collège Turenne, et l'autre partie aux élèves du collège de filles (3).

***

En un mot, c'est la plus louable émulation pour le bien, pour le soulagement de l'humanité souffrante. C'est là un noble chapitre de la charité sedanaise, que l'on voudra sans doute écrire avec détails : à elle on peut appliquer ce mot qui a été si bien dit de la charité catholique : « elle est comme le rocher « d'Horeb ; que la verge de Moïse le frappe, et l'eau vive en « jaillit et abreuve Israël (4). »

Hospice.

D'autres rediront avec plus d'autorité et de compétence ce que fit, en ces jours calamiteux, la bienfaisance officielle ou publique.

(1) Voir notre Tome Ier ; mois de février 1917.

(2) Rue Nassau.

(3) De même Mme Hémery recueillit longtemps la *classe enfantine* du collège Turenne.

(4) P. Didon.

L'*Hospice* fut, au sens strict, le rendez-vous de toutes les misères physiques et morales : blessés, malades, moribonds, orphelins, aliénés, malheureuses naufragées pour qui la Commandanture fut obligée d'agrandir le dispensaire ; tous y affluèrent, envoyés — sans compter — par les Allemands. Un instant l'on put craindre que fussent expulsés les pauvres vieillards, hospitalisés et pensionnaires !

Au milieu de ces infortunes, de ces douleurs de toute espèce, se dépensèrent, toujours modestes et courageuses, *les Sœurs de charité* ; le saint aumônier, M. l'abbé Cousinard de douce mémoire (1) ; les médecins, les infirmiers, le personnel et les employés de l'administration dont les labeurs allaient croissants (2).

Bureau de Bienfaisance.

Parallèlement à l'hospice, le *Bureau de Bienfaisance* eut l'honneur de suffire aux exigences de la situation, en satisfaisant à de lourdes charges : depuis le 1er novembre 1914 jusqu'au 31 octobre 1918, ses secours se répartirent et se chiffrèrent ainsi :

1° En allocations aux familles des militaires sous les drapeaux. . . . . fr. 1.126.907 80

2° En secours au compte du Bureau de Bienfaisance . . . . fr. 444.417 41

3° En secours payés au titre remboursable fr. 13.261 57

4° En allocations aux vieillards infirmes et incurables . . . . fr. 96.136 55

(1) Successeur du digne M. Depoix, en 1906, M. Cousinard, respecté de tous, s'endormit pieusement dans le Seigneur le jeudi 8 février 1917. — M. l'abbé Lanson reprit, avec la plus religieuse vaillance, sa lourde charge, jusqu'au mois d'août 1918 ; il dut alors, pour raison de santé, s'en démettre et fut remplacé par M. A. Drouart, à qui M. Rochet succéda à Balan jusqu'à l'armistice.

(2) M. Viette, secrétaire et économe de l'Hospice civil, etc...
M. Baudoin, économe du Bureau de Bienfaisance.

Crèche.

Enfin, l'œuvre si importante de Marbeau, *la Crèche*, loin de cesser de fonctionner, vit le nombre moyen des enfants se maintenir journellement à 45 ou 46 enfants, en 1914 et 1915. Bien que dépouillé de la salle des bureaux, le comité administratif, secondé par les dames patronnesses, put obtenir que, dans un temps de quasi famine, les bébés n'eussent point à souffrir ; et — fait digne d'éloge — la plupart des mères acquittèrent régulièrement la petite redevance mensuelle.

CHAPITRE III

HÔPITAUX, AMBULANCES, LAZARETS

S'il est un beau, mais poignant chapitre à tracer de cette époque douloureuse, c'est sans contredit celui qui s'intitulerait : Les *Hôpitaux, Ambulances ou Lazarets à Sedan*; mais il faudrait pouvoir le rédiger complet, et les renseignements suffisants font toujours défaut.

Avec quelle fierté, l'on enregistrerait tant de dévouements prodigués, tant de souffrances héroïquement supportées, tant de blessures embaumées et de morts consolées par la charité chrétienne ! Ce serait LE LIVRE D'OR des médecins, des sœurs de Saint-Vincent-de-Paul, des infirmiers et des infirmières, des ministres du Dieu de paix, rivalisant de zèle, d'oubli d'eux-mêmes et de pieuses attentions pour guérir ou du moins soulager les maux que la violence a faits !

Devons-nous essayer, pourtant, de soulever encore, ainsi que nous l'avons tenté pour l'année 1870, le voile qui nous dérobe des faits admirables et des exemples d'extraordinaire résignation chez nos soldats martyrs ?...

I

Les ambulances françaises s'ouvrirent vers le 10 août, avec cinq centres : 1° *Collège Nassau*, 2° *Hospice civil*, 3° *Collège Turenne*, 4° *Maison Crussy*, 5° *Maison Pingard*.

L'*hôpital militaire* continuait à fonctionner régulièrement avec le personnel militaire, sous la direction du docteur Aubertin.

Au Collège Nassau, M. Vilfroy était le médecin-chef, et M. Molard, le chirurgien-chef ; MM. Lapierre et Pérignon étaient chirurgiens.

Au Collège Turenne, M. Goguel était chirurgien-chef.

A la Maison Crussy, c'était le docteur Léonard, ainsi qu'à la Maison Pingard (rue de Nassau).

Une ambulance se trouvait place de la Gare chez Mme Pajot, pour les soldats qui passaient par chemin de fer, et le docteur Goguel leur dispensait ses soins.

II

L'ambulance du collège Nassau évacua ses blessés le 24 août, au soir, par le chemin de fer. Les non-transportables par voie ferrée furent transférés, pendant la nuit du 24 au 25, à l'hôpital civil, où il y avait, depuis quelques jours, un chasseur à cheval atteint de rougeole, et un fantassin malade d'entérite.

III

Le 25 août, le *docteur Pérignon* se rendit à huit heures du matin à *l'hôpital civil*. C'était le moment précis de l'arrivée en ville des avant-gardes allemandes (Uhlans) ! Le docteur fut bloqué à l'hôpital, et son fils qui faisait déjà, à *Nassau*, fonction d'infirmier, le put rejoindre le 26 à neuf heures du matin. Ils restèrent seuls médecins jusqu'au 27. Les blessés affluèrent, allemands et français. Les docteurs *Molard* et *Lapierre* revinrent à l'hôpital civil le 28. MM. Goguel et Léonard étaient demeurés dans leurs services fort chargés de *Turenne* et de *Crussy*.

A partir du 28, aux docteurs *Lapierre* et *Molard* furent attribuées : 1° la salle accoutumée de *médecine — hommes* ; 2° la vaste salle située au-dessus au premier étage. Il restait très peu de *malades* au rez-de-chaussée, en majeure partie occupé par des blessés ; au premier il n'y avait que des blessés, tant militaires que civils.

La salle habituelle de chirurgie — hommes — et trois salles, installées dans les anciens locaux des orphelins et dans la salle ordinaire du service d'enfants, étaient affectées à M. le docteur Pérignon.

Momentanément il y eut quelques blessés légers (une douzaine) dans le réfectoire des vieillards au rez-de-chaussée de la deuxième cour. Il faisait beau : l'on mangeait dans la cour. Les vieillards, qui logeaient d'habitude au premier au-dessus du service de médecine, avaient cédé leurs lits aux blessés. Ces vieillards étaient répartis un peu partout : dans les greniers, au Dijonval, dans le service d'isolement (salles Bernutz).

Du 7 septembre au 1er octobre (dates approximatives), nos docteurs eurent l'aide de trois médecins auxiliaires français, pris par les Allemands à Autrecourt et amenés par eux à Sedan avec des blessés français. Ils avaient donné leur parole d'honneur de ne pas sortir de l'hôpital. Ils furent renvoyés le 1er octobre sur leur demande. On devait les mener à la frontière suisse.

Au début de septembre, le *docteur Léonard* fut remplacé à *Crussy* par les Allemands et eut, à l'hôpital civil, *la salle*, du bas, *des orphelins*, — (service fait antérieurement par le docteur Pérignon). Il continuait néanmoins à soigner quelques blessés maison Pingard.

Le 10 octobre, le *docteur Goguel* fut également remplacé à « *Turenne* » par les Allemands et vint à l'hôpital civil. Il prit la salle de chirurgie — hommes — dont il était, en temps de paix, chirurgien titulaire. Le *docteur Pérignon* continuait à desservir la grande salle des orphelins et la salle ordinaire du service d'enfants.

Pendant un mois environ, les blessés allemands, au nombre d'une trentaine furent groupés dans le service de M. Pérignon, qui parlait bien l'allemand et qui, grâce à cette circonstance, servit heureusement d'interprète et d'intermédiaire avec les autorités allemandes.

***

Il y eut deux officiers allemands dans les petites salles séparées, voisines de la salle d'opération. Ils furent remplacés par trois officiers français, et même, pendant un certain temps, une des chambres fut occupée par un (officier- stellvertreter), officier allemand (Weiss) et par un lieutenant français (Legrin) ; un autre officier lieutenant et adjudant allemand (Tigor) occupait la deuxième chambre. Après le départ des Allemands, on les remplaça par deux officiers français qui avaient été provisoirement placés ailleurs (Coiquil et le Rumeur). Un quatrième les rejoignit plus tard (Daunizeau). Le lieutenant Legrin, guéri, fut évacué en Allemagne comme prisonnier. Le lieutenant Le Rumeur, amputé, fut évacué pour être échangé contre un officier allemand blessé et incapable de reprendre du service (*intervention du Saint Père*).

***

Le nombre des blessés diminuant par suite des décès (peu nombreux d'ailleurs), de départs pour l'Allemagne ou d'échanges, les services se resserrèrent peu à peu. La salle des enfants fut rendue à son affectation du temps de paix (service du docteur Molard) et le réfectoire des vieillards restitué à ceux-ci.

Finalement, les blessés furent réunis dans le service de chirurgie-hommes (docteur Goguel), quelques-uns dans le service de médecine-hommes (docteur Lapierre) ; la majorité dans la grande salle sise au premier, au-dessus de ces deux services. Dans cette pièce, chaque rangée eut alors son médecin qui continua de la sorte à soigner ses anciens blessés : *MM. Léonard, Molard, Pérignon.*

Il restait alors une soixantaine de blessés.

IV

L'*ambulance Turenne* (Hôpital auxiliaire, au collège) fut fondée par le Comité sedanais de l'Association des dames françaises (1).

M. le Docteur Goguel était médecin-chef, et l'organisation, sur laquelle nous reviendrons plus loin, était assurée tout au début. — Il y avait un personnel bien choisi avec des infirmières surveillantes et des infirmières de salles.

Après l'occupation de la ville, et quelques péripéties à la fin du mois d'août, l'hôpital fut mis, le 7 septembre sous la direction de l'autorité allemande.

Le médecin-chef fut M. le Professeur Docteur Fischer de Francfort-sur-le-Mein, et les médecins furent : M. le Docteur Goguel, MM. Hirschfeld et X... de Berlin.

Le chirurgien-chef fut : M. Hagenbruch.

Des infirmières de la Croix-Rouge allemande assurèrent le service des salles en collaboration avec des infirmières françaises.

La création de cinq chambres et d'un dortoir porta le nombre des lits à 173 ; — bientôt il fallut établir trois dortoirs au rez-de-chaussée ; l'on réunit l'ouvroir ainsi que la lingerie à la repasserie, et l'on fonda même cinq chambres. C'est que du 1er au 30 septembre il n'entra pas moins de 636 blessés au collège Turenne, et le chiffre se maintint à 510 tout le mois d'octobre.

La distribution des services fut faite entre les quatre docteurs jusqu'au 8 octobre à laquelle date les Allemands remercièrent de leurs bons offices M. Goguel et nos infirmières.

Quatre nouvelles chambres et de nouveaux dortoirs furent encore institués de sorte que l'hôpital, vers ce moment, occupa

(1) Présidente, Mme Pajot.

Nous devons ces documents très exacts à l'obligeance de M. P. Laroche, le regretté professeur du collège.

le rez-de-chaussée, le premier et le deuxième étages avec un aménagement bientôt complet de :

Magasins de réserves, lingerie, repasserie, salle de radiographie, salle d'opérations, salle de bains et de douches, pharmacie, salle spéciale pour les tétaniques, chambres pour officiers, etc..., etc...

En novembre-décembre, des diaconesses furent installées dans la salle de l'association amicale des anciens élèves.

On dut dédoubler les lits des chambres d'officiers ; loger des infirmiers militaires ; attribuer comme bureau à l'inspecteur Walter et au sous-officier préposé à la dépense le cabinet du surveillant général ; vider la chambre des fournitures scolaires ; pourvoir à maints aménagements nouveaux ; augmenter en janvier et février le nombre de lits, qui avait varié de 200 à 290 du 1er novembre au 31 janvier et remontait à 685 du 1er au 28 février.

La Commandanture fournit 500 couvertures en draps de Sedan réquisitionnés.

Bientôt, le principal dut livrer son cabinet au médecin-chef, et le parloir fut transformé en salle de consultations et de pansements.

Un moment, l'ambulance avait été remplie de nombreux malades (1) ; l'autorité décida qu'elle ne recevrait plus que des blessés grièvement ; qu'elle serait divisée en deux grandes sections, dont l'une principalement chirugicale, et qu'un cabinet ophtalmologique serait organisé dans le parloir.

Du moins dans cet envahissement de notre si vaste établissement scolaire, M. P. Laroche réussit à préserver la salle des plâtres et la bibliothèque des professeurs.

En résumé, 39 ou 40 chambres occupées par les Allemands et affectées aux services les plus nombreux, les plus variés, faisaient du collège Turenne une ambulance absolument complète, occupée au 31 mars 1915 par 601 blessés.

(1) Galeux, pouilleux, syphilitiques.

V

L'hôpital militaire fut remis, le 11 septembre, aux Allemands après que le docteur Aubertin, le docteur Abd-el-Nour, les pharmaciens Laurent et Martin, des officiers d'administration et des infirmiers furent emmenés en Allemagne (Saxe), puis renvoyés plus tard en France. Les Allemands avaient pris successivement les ambulances Nassau, Turenne, Crussy, l'hôpital militaire. — Quant à la *maison Pingard,* elle servait aux cours de garçons et de filles.

Des *lazarets temporaires* fonctionnèrent à *Torcy* : chez M. Mairel, chez les sœurs de l'Espérance, aux écoles derrière l'église, chez les sœurs de Ste Chrétienne et aussi dans le voisinage de la gare, enfin chez M. Gennesseau et, sans doute, chez d'autres encore.

Dans une partie des salles Bernutz (tuberculeux en temps de paix) on isolait les tétaniques (une douzaine dont trois guérirent).

VI

L'hôpital civil ayant hérité des *blessés de Nassau,* grâce au dévouement de Melle Louvet (de la Croix-Rouge) une bonne partie du matériel, des médicaments et des objets de pansement furent transférés à l'hôpital civil, avant que les Allemands prissent possession de Nassau. Melle Louvet rendit là un signalé service ; car l'hôpital civil n'avait aucun approvisionnement de chirurgie : il devait, croyons-nous, être régulièrement affecté à l'hospitalisation des malades contagieux de l'armée.

***

La question importante des vivres — (il y avait parfois 400 personnes à nourrir !) — fut habilement réglée par M. Wiette qui parvint à réunir des quantités suffisantes, au moins jusqu'en mars 1915, (c'est-à-dire durant 7 longs mois) ; l'alimentation devint alors très difficile par suite du rationnement et de la nécessité de passer par les Allemands.

***

Le *service religieux* a été constamment assuré par l'aumônier ordinaire M. Cousinard qui habita l'hôpital jusqu'au moment où un prêtre prisonnier des Allemands (curé de Laimont-Meuse) fut envoyé par ceux-ci de la prison civile à l'hôpital civil. Comme il lui était permis, en cas de besoin, d'administrer les sacrements la nuit, le dévoué aumônier, M. Cousinard, put retourner coucher chez lui et y prendre ses repas.

Dans toutes les salles de blessés, il y eut d'excellentes infirmières, pleines de bonne volonté, dont quelques-unes faisaient partie de la Croix-Rouge ; dignes de tous éloges, plusieurs fournirent spontanément et librement, sans un instant de lassitude, le plus méritoire service de nuit.

***

C'est bien ici le lieu de décerner des mentions honorables à nos jeunes concitoyens : MM. Marcel Godet et P. Tavenaux dont le dévouement ne connut pas de défaillance à l'hôpital civil et à l'hôpital militaire.

Complétons maintenant ces renseignements où nous voudrions mieux faire la part de chacun. A l'*hospice civil* passèrent près de 300 blessés (287) (1). En dresser la liste, ce serait établir, de même que pour les autres ambulances, le martyrologe de cette épouvantable guerre ! Quarante-cinq succombèrent malgré les soins les plus tendres et les plus intelligents.

(1) Le premier blessé reçu fut un Sedanais, *Marcel Duret*, du 147e. Atteint d'un coup de feu au bras, il entra le 23 août 1914, et fut évacué sur l'Allemagne le 10 septembre suivant.

Sur l'un d'eux, *André Pin*, atteint déjà au bras par un coup de feu, un officier allemand — croyant l'achever — avait déchargé son révolver dans la poitrine (1) ; les autres furent, en majeure partie, évacués sur l'Allemagne ; quelques-uns sur les lignes françaises (2) ; d'autres (55 ou 56) étaient encore à l'hospice fin mars 1915, comme trop malades ; ils ne furent évacués que vers le 17 ou 18 avril, à l'exception de sept que l'on conserva encore, jusque dans les premiers jours de mai.

Un jeune Saint-Cyrien, *Rolland de Bengervé*, fut amené mourant à l'hôpital ; il avait été frappé d'une balle qui lui avait fait une plaie pénétrante au crâne ; il décéda le 3 septembre : ses notes pleines de gaieté, d'espoir, de française insouciance, contrastent singulièrement avec sa fin douloureuse.

Voyant mourir ainsi, l'on se rappelle ce mot profond du grand et religieux penseur que fut Gratry : « Quand au milieu d'une masse d'hommes, plusieurs s'entendent pour finir en héros, ils se soutiennent de leur force commune, et leur exemple est contagieux. »

Parmi les défunts, évoquons encore *le sergent Chauvin* ; touché une première fois, il avait continué bravement à se battre jusqu'à ce qu'il fût blessé de rechef : très valeureux, il était admiré de ses camarades...

Puis mentionnons : Augès ; blessé au ventre, il avait été dévalisé par les Prussiens durant la nuit, et il témoignait en avoir vu trois faisant, auprès d'un capitaine français, tinter les pièces d'or par eux trouvées sur l'officier tué ;

Chabot était tombé à la Marphée ; le premier Allemand qui arriva auprès de lui, saisit à terre une baïonnette et, à la manière italienne, la lança avec son fourreau sur le malheureux qui fut atteint précisément à l'endroit de sa blessure. Deux autres

(1) Quand les premiers Allemands s'approchèrent durant l'action, *Pin* leur demanda de ne point en finir de lui ; les soldats passèrent ; mais un officier eut la cruauté que nous relatons ici : *Pin* en mourut le 9 septembre.

(2) Cinq furent évacués en France, deux transportés, presque mourants, à l'hôpital militaire.

Allemands survinrent, souffletèrent cette brute et donnèrent à boire à la victime.

Par un terrible coup de baïonnette dans la figure, un Prussien avait également tenté d'achever *Longueville*, du 78e d'infanterie, ainsi que plusieurs de ses camarades.

Henri Manivel, du 202e, la jambe transpercée, demeuré sur le champ de bataille, près de Wadelincourt, déclare avoir été semblablement traité par un ennemi qui le déchira de deux coups de fusil, à bout portant, l'un en plein visage, l'autre dans l'épaule.

Etant en tirailleur, *Madelpuech*, blessé, resta de longues heures exposé au feu de l'adversaire, fut touché huit fois et dut être amputé d'une jambe.

Un officier très énergique et intelligent, *le sous-lieutenant Daunizeau* se trouvait en tête d'une colonne d'attaque sur le point culminant de la Marphée, au nord-ouest de Noyers. Il réussit à conduire, sans être aperçu, ses hommes à 60 mètres des Allemands. Et voici qu'une néfaste erreur tue d'un obus français son sergent et le laisse lui-même étourdi quelques instants ! Il revient cependant à lui, commande un feu qui décime et fait fuir l'assaillant... Notre sous-lieutenant fait fouiller par une patrouille un petit bois de sapins en face de sa position. Et bientôt *le soldat Cucco* revient, brandissant le drapeau du 68e régiment d'infanterie allemand : le trophée est porté au commandant qui pleure de joie, puis au colonel de notre 137e au milieu des acclamations des troupes. — Le soir, *le sous-lieutenant Daunizeau* tombait frappé de quatre balles : deux au genou, une au pied, une à la poitrine.

De pauvres martyrs furent surtout ceux-là qui périrent dans les tortures du tétanos et de la méningite ou des suites d'affreuses blessures : tel *Jean Labbé*, caporal fourrier au 247e, fils d'un médecin de la Manche. Il avait eu la tête traversée par une balle, et avait reçu de multiples brûlures ; la paralysie l'avait envahi,...

privé de la parole, il cherchait et s'efforçait de serrer la main de celui qui le soignait et qui lui adressait quelques consolations.

***

Nous ne pouvons, naturellement, faire que certaines citations. Mais combien de choses touchantes, de fins édifiantes il y aurait à raconter (1) ! Et, par contre, combien de faits à stigmatiser !... Nous venons de faire allusion à quelques-uns de ces actes : *Jean-Louis Gour*, du 202e, avait eu la jambe abîmée d'un coup de baïonnette : il affirme avoir vu dix de ses camarades, blessés, achevés à coups de crosse, et leurs cervelles jaillir !... Un onzième ne fut épargné que parce qu'il tenait en ses mains la photographie de sa femme et de ses trois enfants !...

Tant de rage entre-t-elle en l'âme des Teutons !

N'aurions-nous pas, d'autre part, plaisir à détailler la conduite de deux soldats français ? — L'un *Marcel Voyer*, (du 65e), malade pour avoir, à Maissin, bu de l'eau sans doute impure ; dirigé sur Bouillon ; puis soigné à l'hôpital de Sedan ; l'autre, *Etienne Félix Lestang*, du 21e chasseurs à cheval, entré à l'hôpital le même jour que *Voyer*, le 24 août. Tous deux auraient bien voulu « rejoindre » ; à peine convalescents, ils s'employèrent de la façon la plus louable à soigner leurs camarades : *Lestang* se consacra aux tétaniques, et l'un de ceux-ci, avant de mourir, lui délivrait ce témoignage, bref il est vrai, mais meilleur que de longues phrases : « *Ecoute, avant de partir, je te remercie ; tu as été vraiment un bon camarade.* » Rétablis enfin, ou à peu près, Lestang et Voyer reprirent leur pensée de s'esquiver pour servir de nouveau la France ; on leur fit concevoir que ce n'était qu'un rêve ! Ils s'inclinèrent devant la réalité, et ces braves gens furent, au mois de décembre 1914, acheminés sur un camp de prisonniers en Allemagne ! — Nous tenions, en passant, à leur rendre hommage.

(1) Tous reçurent très chrétiennement les sacrements.

***

Que de belles pages, que de nobles paroles René Bazin pourrait ajouter à son remarquable livre; à son chapitre, par exemple, si émouvant : « *Paroles du peuple de France !* ». Et elles en recueillaient certes, d'admirables, ces infirmières qui se penchaient, douces et compatissantes, vers nos blessés pour panser leurs plaies, endormir leurs souffrances !

Tel, *André Pin*, pardonnant généreusement à son meurtrier ; tel cet *Emile Viollin*, un brave du 65e de ligne, frère de deux autres braves, mobilisés comme lui : très grièvement frappé d'une balle à la jambe, il se traîne, par je ne sais quel effort surhumain et sous la mitraille, jusqu'à une maisonnette (sans doute celle du garde de la Marphée), d'où il est péniblement transféré à Cheveuge, puis à Nassau ; là, il est amputé, et, le 20 septembre, conduit à notre hospice civil. Rien ne trouble sa vaillance dans la douleur, et ses notes sont touchantes par leurs témoignages de reconnaissance et de justice envers tous ceux qui furent bons pour lui : les Allemands qui, sur le signe d'un chef, lui firent un premier pansement ; les brancardiers français qui le portèrent avec beaucoup de précautions ; le docteur Molard, qui l'amputa et « dont il ne saurait assez dire l'habileté »; les associés de la *Croix-Rouge* d'un inlassable dévouement ; les sœurs de Saint-Vincent-de-Paul « qui ne cessèrent de faire du bien aux blessés et dont on ne pourrait oublier la sollicitude toute maternelle, sans une véritable ingratitude » ; les « dames de Sedan si attentives et les courageuses jeunes filles, enfin, que l'on ne remerciera jamais trop » ; — *Viollin* fut évacué sur nos lignes, le 21 février, et le carnet de guerre de ce glorieux mutilé se termine sur ce religieux sentiment de résignation : « *Mon Dieu, que votre volonté soit faite* ! »

Quel calme, quelle fermeté chez ce *Baptiste Salafa* du 59e de ligne !... Comme le général Margueritte, il a reçu dans la joue gauche une balle qui s'est frayé une issue par la joue droite, en lui cassant des dents et lui déchirant la langue. La gangrène se déclare à la langue dont il faut couper un morceau ; l'alimentation et la parole sont presque impossibles ; quelques liquides seuls passent !... Il faut une grande habitude pour comprendre ce que dit ce martyr ; cependant, il préfère son sort à celui des amputés, qui, eux, disent aimer mieux leur situation que celle de Salafa (1) !

***

Une des choses les plus affreuses, n'est-ce pas de rester plusieurs jours, pantelant, abandonné sur le théatre de l'action ? Nous en avons trop d'exemples : à Solférino ; sur vingt champs de bataille de 1870-71 et de 1914-1915 !! — *Joseph Beaumont*, du 7e d'infanterie, connut ce supplice, 7 ou 8 jours dans les bois. Atteint dans la colonne vertébrale, paralysé de tout le bas du corps et *ne vivant plus*, selon ses propres expressions, *que du cœur à la tête* : « Et combien « *ce petit reste de vie me fait souffrir !* » disait-il. — D'une bonne famille de Bordeaux, il adorait sa mère ; il y pensait sans cesse, et pleurait en songeant à elle. Il eût seulement voulu la revoir, mais il ne s'illusionnait aucunement sur son état. Quand on essayait de lui donner quelque espoir, il remerciait très simplement... Avec une douceur très grande et une résignation que lui inspirait sa foi, il supporta les six mois de sa lente agonie et puisa des forces dans la prière : « *Comme il faut souffrir pour mourir* ! » soupirait-il simplement. Dieu prit pitié de ses tourments le 18 février et y mit un terme.

***

Lucien Hulin (du 202e), blessé en pleine poitrine, à la Marphée, avait bien failli être achevé par les Allemands : il crachait le sang ; l'ennemi le crut perdu et se contenta de le dépouiller. Lui aussi, restait à souffrir sur le terrain : tout à coup un officier allemand survient, menace tous les blessés de son revolver et

(1) Il fut évacué sur les lignes françaises le 21 février.

leur fait comprendre que ceux qui seraient incapables de se traîner jusqu'à l'endroit par lui désigné pour y rejoindre les voitures d'ambulance seront achevés ! Alors, ces infortunés patients, — quelques-uns mourants même — sont un peu galvanisés et se traînent jusqu'au lieu indiqué. *Hulin* est de ce nombre : il est apporté et soigné à l'hôpital civil où, contre toute vraisemblance, il se guérit ; et même il rendit de sérieux offices, en qualité d'infirmier, à ses camarades de salle. Sa bonté, sa douceur le faisaient aimer de tous (1).

Quoique nous soyons contraint de nous limiter, nous voulons seulement encore en citer quatre ou cinq.

Marcel Gatineau (du 65e d'infanterie) reçut dans un œil une balle qui ressortit par l'autre : il perdit longtemps connaissance ; puis il demeura gisant à la place même où il était tombé, ne souffrant pas, disait-il, mais étant comme dans un vague sommeil, croyant que la mort allait venir et l'attendant stoïquement. Il se remit, à l'hôpital ; — privé toutefois, hélas ! pour toujours de « *la douce lumière des cieux* ». Il était triste et avait des instants de bien légitime accablement, et cependant il se laissait égayer et savait rire avec ses camarades.

Le genou percé d'une balle, *Emile Potrel*, (du même régiment) se traînait sur les coudes dans les champs, lorsqu'un éclat d'obus lui entame la main gauche. Recueilli, conduit à l'ambulance *Nassau*, il subit l'amputation de la main ; il semble se remettre quand il est saisi par le tétanos ; en ce moment, l'ambulance est prise par les Allemands et Potrel emmené, en pleine et horrible crise, à l'hôpital civil. Chose merveilleuse ! il se rétablit et il est évacué, avec Gatineau et le sous-lieutenant *Le Rumeur*, dont nous allons parler, sur les lignes françaises.

Le pauvre Potrel était sabotier, et il ne se consolait pas de l'ablation de sa main : « *Comment*, gémissait-il, *comment faire des sabots avec une seule main ?...* »

(1) Le 12 janvier, il fut dirigé sur l'Allemagne.

Il avait été blessé à Angecourt, le brave sous-lieutenant *Jean Le Rumeur*, du 62e ; la gangrène s'était mise à sa jambe et l'on dut en faire au plus vite l'amputation. Du lazaret de Nassau il fut reversé à l'hôpital civil, où deux fois de suite on fut obligé de recouper plus haut ! La rapidité de décision et l'habileté du docteur Molard le sauvèrent seules. Une affreuse hémorragie était survenue ; toute ligature artérielle échouait dans des tissus très infiltrés : en quelques minutes, il fallut amputer jusqu'à ce que l'on rencontrât des tissus sains.

Un autre (*inter multos !*) supporta stoïquement aussi les opérations chirurgicales nécessaires : ce fut *le sergent Aurélien Fauchet* (7e d'infanterie) ; il avait reçu cinq éclats d'obus, avait les mains littéralement en bouillie : l'on fut forcé de lui en couper une et de sacrifier un doigt de l'autre. A ce prix, on lui sauva la vie et il accompagna les précédents blessés dans leur évacuation sur nos lignes.

VII

L'Hôpital Nassau, dont les services avaient été interrompus le 25 août, rouvrit ses portes le dimanche 30 du même mois. Immédiatement, sur l'impulsion de la zélée présidente du Comité des dames de la Société de secours aux blessés, Mme Charles Halleux, Mme Henri des Forts, la baronne Gérard de Montagnac, Mlles Charlotte Mousset et Geneviève Sthurler se mirent à la disposition du docteur Molard, dans la salle d'opérations.

Mmes Chapsal et Paul du Rotois, Mlles Baquet, Bazelaire, Hanotel, Lemaire et Sacré se répartirent dans les salles des blessés ; Melle Wahart prit la direction de la pharmacie.

A ces infirmières, munies de leurs diplômes, vinrent spontanément s'adjoindre d'autres dévouements. — La secrétaire de la Société, Mlle Marie Husson — lorsque l'hôpital Nassau fut fermé par l'autorité allemande — suivit les blessés à *l'Hôpital civil* où elle ne cessa de les entourer des attentions et des soins les plus délicats. C'est là, aussi, que Mme Georges Ninnin et

Mlle Louvet (1), pourvues de leurs diplômes, furent les précieuses auxiliaires du docteur Pérignon ; et que se dévoua Mme G. Gibert-Lepage.

Mme Émile Brégi passait, infatigable, d'un lazaret à un autre et faisait maintes fois ainsi que plusieurs de nos concitoyennes, le service si pénible de la nuit (2).

En même temps, se multipliaient *à Torcy* Melle Anna Kablé, secondée par Mmes Charles Antoine et Champion, et Melle Cayet ; — *à l'hôpital militaire*, Melle M. Jæger ; — à Gaulier, Melle Pauline Colin ; etc...

VIII

A l'ambulance Turenne (3), dans les premiers temps, il convient de conserver aussi les noms d'un personnel exemplaire de fidélité à son poste :

M. le docteur F. Goguel était médecin-chef ; Mme F. Goguel administratrice ; la pharmacie était tenue par M. et Mme Dubrulle ; la comptabilité par M. Paul Laroche et M. G. Paul ; le service général confié au principal, M. Fay.

Des infirmières de salles, dont trois de la Croix-Rouge de Paris et une de la Croix-Rouge de Nancy (4) en groupaient autour d'elles plusieurs de talent et de mérite, dont six étaient de nuit à l'ambulance : Mlles Hagnéry et Henriet, de Bazeilles ; Mme Bouttieaux, de Paris ; Mlles Douffet et Jeanne Vauché, et Mme Alb. Picard, de Sedan (5).

(1) Voir plus haut ce que nous avons eu déjà l'occasion de dire de Melle Louvet.

(2) Nous ne pouvons évidemment nommer tout le monde ; nous ferions trop d'omissions. — N'aurions-nous pas à citer, par exemple : Mmes Bourriot, Bazaille, Cousin, Maillot-Delhand'huy, Dauphin, Desrousseaux, L. Détré, Fédricq, Hémart, Moutarde, Petitmaire, Rigaud, L. Rouy, Ernest Sthurler, Vilfroy ? et Melles Lepage, Mangin, Prugnon, Sinet, Tangre, Vuirion, etc.. .?

(3) Voir déjà précédemment.

(4) Mmes Gillet, infirmière-major ; Mévis, Reboux, et Melle Barbaise.

(5) Les autres : Mmes Bolle, G. Denis, Haas, Piquart de Guer, Raffy, Sénéchal ; Melles Hupin, J. et Y. Laroche, Massary, Poursain, Raffy, Théatre, faisaient leur service le jour.

M. l'abbé Dupont, vicaire de Saint-Charles ; M. le Pasteur Cosson, et M. Metzger (remplaçant le Rabbin) assuraient les divers services religieux.

Comme infirmiers de salles, il y avait : MM. Paul Bacot, G. Théatre, H. Goguel.

Cuisine, lingerie, repassage, buanderie fonctionnaient dans d'excellentes conditions.

Enfin, aux offices de brancardiers pourvoyaient MM. Moreaux, Fr. Vauché, G. Stengel, Bolle, G. Habary. — Le chef d'atelier était M. Cachelin.

IX

Les deux Conseils de la Croix-Rouge française furent les inspirateurs et les soutiens de bien des dévouements et donnèrent eux-mêmes l'exemple :

Pour le Conseil d'administration citons :

MM. Aug. Philippoteaux, président ; le docteur Vilfroy, vice-président ; Ch. Docquin, trésorier.

Pour le Conseil des dames :

Mmes Charles Halleux, présidente ; Chapsal, vice-présidente ; Melle M. Husson, secrétaire ; toujours à leur poste, toujours sur la brèche, à Sedan.

***

Nos notes pour ce chapitre ne portent que sur cette phase de 1914 ; nous croyons cependant devoir mentionner encore qu'à partir d'avril 1918 — époque à laquelle les premiers prisonniers français arrivèrent à Sedan, la Société de la Croix-Rouge leur vint efficacement en aide par des dons de légumes, et aussi de chemises, de caleçons, de mouchoirs, etc... Ils en avaient le plus grand besoin, et la Société trouva, comme toujours, dans la charité privée de précieux auxiliaires.

Le 5 novembre, l'autorité allemande remettait à la charge de la ville 223 évacués français et belges, tous malades à la citadelle, et 45 typhiques, se trouvant à l'Asfeld.

Sur l'avis des docteurs Lapierre, Pérignon, Goguel, Molard et Léonard, ainsi que de Mmes Ch. Halleux et Devin, réunis dans le cabinet du maire, les typhiques furent transférés à l'hôpital civil, et les 223 malades laissés à la citadelle et confiés au docteur Léonard : avec un très beau dévouement, Mlle Guillaume, de Torcy, appartenant à la Société des dames françaises s'y installa, afin d'être à même de soigner jour et nuit ces infortunés dont la mort éclaircissait quotidiennement les rangs ; la Société de Secours aux blessés intervint là de nouveau dans toute la mesure possible.

Une autre noble page à citer pour finir : de malheureux prisonniers français rentrèrent de Belgique en ce même temps-là : mourant de faim, de froid, de fatigue !... M. Lécluse et sa fille organisèrent en leur maison près du collège Nassau un poste précieux de secours : là, pendant dix jours, Mme G. Ninnin, aidée par ses deux fils ; Mme Chapsal, Mlles Goguel, Louvet et H. Wahart, les secondèrent pour distribuer 4.000 rations de bouillon, de thé, de café,... et cette vaillante phalange ne se retira que quand notre autorité militaire reprit à sa charge le ravitaillement des prisonniers libérés. — Ne sont-ce pas là des faits qu'il faut inscrire au livre d'or d'une Société ?...

CHAPITRE IV

OTAGES

I

Par un procédé renouvelé de l'antiquité et suivi malheureusement encore dans les nations qui se disent civilisées, l'Allemagne prit chez nous des otages en 1914-1918, comme elle avait fait en 1870.

Il est des cas — nous le savons — où les otages peuvent être considérés comme prisonniers de guerre ; mais tout ce qui va au-delà est une flagrante injustice, que doit flétrir l'état actuel de nos sociétés. A notre époque contemporaine, des peuples n'ont point reculé devant l'usage barbare de les mettre à mort, ou de les y conduire par de torturantes épreuves !

Dans la dernière guerre, le système des otages a été pratiqué dans notre ville en des conditions beaucoup plus graves que 45 ans auparavant.

En effet, la Commandanture en exigea 145 avec une liste supplémentaire de 50 pour parer aux lacunes éventuelles (maladie, mort, etc...) et sous cette condition particulièrement arbitraire de passer, par groupe de 10, sans interruption ni le jour ni la nuit, quatorze et dix heures au cercle dit de la Société, sous la garde des baïonnettes prussiennes.

Un comité fut chargé d'assurer ce délicat service (1) ; et, s'il fut matériellement impossible d'éviter toute difficulté, il est équitable de dire ici que les victimes furent nobles et dignes au cours de cette longue épreuve !

Cet hommage général rendu à nos concitoyens, nul ne nous démentira si nous affirmons que le clergé catholique de Sedan et des environs ainsi que les ministres des cultes protestant et israélite méritent un éloge particulier. En effet, malgré le grand âge ou la faiblesse de santé de certains d'entre eux, malgré l'appel extrêmement fréquent — (trois fois par semaine pour chacun) — la Commandanture exigeant chaque fois la présence d'un ministre (?), il n'y eut jamais de leur part ni absence, ni défaillance ; M. le Chanoine L. Delozanne, archiprêtre, dirigea ce roulement d'une façon qui mérite les plus sincères louanges, et « la population ardennaise, nous dit un témoin oculaire, ne peut l'oublier ! »

***

Cette réquisition si lourde et si injustifiée (2) commença dès le 28 août ; elle ne devait prendre fin que le 31 janvier.

Les justes observations du comité n'avaient pu obtenir de détente dans l'application de cette mesure. Le 28 octobre, la voix d'un de nos concitoyens s'éleva pour demander au major Heyn de se départir de cette sévérité ; à titre de document, nous reproduisons sa lettre :

(1) La Commission des otages était composée comme suit : MM. F. Cousin, notaire, président ; F. Desoye, secrétaire ; H. Couty, Blaye, Ch. Ritter et Victor Liénard, membres.

(2) L'incident de la soirée du 30 août, — incident que nous avons relaté dans notre premier volume et dans notre chapitre sur le Conseil municipal, — ne pouvait servir de motif au maintien d'un semblable régime d'exception (A), car il fut nettement établi que nul Sedanais n'y participa ; la ville ne pouvait ni ne devait donc à aucun titre être rendue responsable.

(A) A Charleville, à Mézières, nulle part il n'y eut d'otages, du moins en de pareilles conditions ni de cette façon permanente : 156 jours ! ! — plus de 5 mois !

« Monsieur le Commandant,

« Voulez-vous autoriser un vieux Sedanais à vous soumettre une question, sur laquelle votre bienveillant examen a été appelé déjà ?

« Vous connaissez maintenant, Monsieur le Commandant, la population de Sedan : elle est calme, loyale, honnête et réputée pour son esprit d'ordre et de travail. Elle est charitable aussi, et l'écho de ce qu'elle a fait pour tant de Bavarois frappés d'insolation dans nos rues le 23 juillet 1873 est peut-être venu jusqu'à vous. L'empereur Guillaume (1) a même écrit alors à M. de Saint-Vallier, notre chargé d'affaires, pour le remercier de la bienfaisante attitude des Sedanais envers ses soldats cruellement éprouvés.

« Les tombes des enfants de l'Allemagne confiées en ce temps-là à la municipalité ont toujours été scrupuleusement sauvegardées et honorées, et comme les malades laissés en 1873 par le général von der Thann ont été l'objet de la sollicitude la plus attentive de même — vous le pouvez constater — M. le Commandant, les blessés allemands sont entourés, et ils demeureront entourés de soins.

« Or, la sujétion des otages pèse bien lourdement sur la ville ; cette obligation d'y satisfaire tous les 10 jours et de fournir une fois sur deux quatorze heures de nuit paraît bien au-dessus des forces de ceux de nos concitoyens qui y sont appelés : fatigués par une vie d'émotions, ébranlés dans leur santé, et pour la plupart, âgés de 50 à 70 ans, ils ne supportent plus, sans préjudice, une si longue veillée. L'hiver ne pourrait qu'aggraver leur situation.

« C'est pourquoi, Monsieur le Commandant, je prends la liberté de vous supplier d'examiner, dans un esprit d'équité et d'humanité, comme aussi avec la connaissance que vous avez acquise du caractère et des dispositions des Sedanais, cette

(1) Guillaume Ier.

question à laquelle votre sagesse donnera sans aucun doute une solution favorable.

« Excusez, je vous prie, une supplique inspirée uniquement par des considérations humanitaires et agréez, Monsieur le Commandant, etc...

H. ROUY.

***

La Commandanture permit alors que — jusqu'à nouvel ordre — six otages, au lieu de dix, seraient quotidiennement retenus (6 le jour et 6 la nuit) dans les locaux qui leur étaient affectés : chacun de nos concitoyens n'était plus requis désormais que tous les 19 jours au lieu de l'être tous les 10 jours.

La ville eut aussi la latitude de dispenser de l'obligation d'être otages la nuit les sexagénaires et de les remplacer par de moins âgés, tirés de la liste approuvée. — La Commandanture se déclarait prête à rendre plus confortable le séjour des otages dans leur local.

C'était donc, en définitive, un premier adoucissement... Un second fut, sur nouvelle instance du même Sedanais, acquis pour les ministres des cultes qui ne furent pas encore convoqués à ce que nous pourrions appeler leur tour légitime de roulement par assimilation pure et simple aux autres otages, mais avec certaines exemptions ne les astreignant plus au service que tous les 14 ou 15 jours.

Nous arrêtons sur ce point le chapitre des *otages* : ils furent dès lors mêlés à de multiples incidents relatés au cours de notre premier volume (années 1914-1918), et leur rôle s'y trouve mieux indiqué.

DOCUMENTS ANNEXES

A

Une pièce des plus curieuses (1).

N° 4265

Bon pour 2 FRANCS

PAYABLE PAR LE GOUVERNEMENT FRANÇAIS

Ce bon a cours forcé pour la population française. Quiconque ne l'acceptera pas, ou pas pour sa valeur, sera puni sévèrement.

Ce bon n'est légal qu'avec le numéro et le timbre de l'inspection d'étape de la troisième armée.

Gutschein über 2 FRANKS

ZAHLBAR DURCH DIE FRANZOES. REGIERUNG

Dieser Schein hat Zwangskurs bei der franzoes. Bevoelkerung. Wer von ihr ihn nicht oder nicht voll in Zahlung nimmt, wird streng bestraft.

Nur gültig mit nº und mit Dienst Stempel der Etappen Inspektion der 3. Armee.

(1) *On vit un instant ces Bons : certains Officiers en remirent et les imposèrent ; puis ces Bons furent très brusquement retirés sous menace en cas de non-restitution. Il y en avait, dans des couleurs différentes, de 100, de 50, de 20 et 2 francs. — Le Code qualifie d'un mot sévère ce procédé : le Gouvernement français était, à son insu, mis en cause.*

CHAPITRE V

B

INCENDIE DE L'ÉGLISE DU FOND-DE-GIVONNE

Dans notre *Histoire de Sedan des origines à* 1914, nous avons promis de dire la vérité, quand nous la connaîtrons pertinemment, sur *l'incendie de l'église Saint-Etienne* le 25 août 1914, la voici :

Le 24 août, toute la journée, un poignant spectacle se déroula sous nos yeux ! Plus de mille habitants de Bouillon et des environs : La Chapelle, Givonne, Daigny, fuyaient devant l'envahisseur. Rien de plus triste que la vue de ces pauvres gens portant leurs quelques hardes, qui sur une brouette, qui dans une valise, qui dans une hotte... Du bétail, de la volaille, étaient aussi emmenés ; et puis ce fut le retour de l'armée française battue à Maissin ! Navrante vision de la défaite qui nous rappela les sombres journées du mois d'août 1870 !

***

« Le mardi matin 25 août, nous a raconté le digne et courageux curé du Fond-de-Givonne, M. l'abbé Tonnel, j'étais assailli de sinistres pressentiments. En arrivant à l'église, à six heures du matin, je me prosterne devant l'autel et je fais à Dieu le sacrifice de ma vie. Après la messe, c'est-à-dire vers huit heures, je ferme l'église à clef. La veille, au salut que nous faisions chaque jour, j'avais averti mes paroissiens de ne pas commettre l'imprudence de monter au clocher, parce que ce serait s'exposer à être passé par les armes.

A huit heures vingt, les premiers uhlans apparaissent ; ils passent sous ma fenêtre, descendent jusqu'à l'avenue et même jusque sur la place Turenne. Il y avait encore en ville des soldats français, qui tuèrent quelques Prussiens. Alors remontent des chevaux désarçonnés, et je comprends que nous sommes perdus et qu'on va venger sur nous la mort des ulhans. — Un peu après, un détachement du 8me d'infanterie allemande arrive. La fusillade éclate. Je descends à la cave, en laissant les portes du presbytère ouvertes.

Tout à coup, la fusillade devient plus proche et plus vive. J'entends tomber quelque chose sur le toit : ce sont des pièces de bois du clocher contre lequel le feu est dirigé. La porte du presbytère s'ouvre, on crie : «*Wer da ?* » Je remonte et me trouve en présence d'un officier, accompagné de deux hommes, baïonnette à scie au canon. L'officier me demande : « *Francs-tireurs ?* » Je réponds : « Non. — Pas d'armes ? *Cette porte?* — Voici la clé. — Venez avec nous. » Ils me conduisent dans la cour. Je veux entrer dans l'église par la porte de cette cour. Impossible. Je comprends qu'elle a été fortement buttée ou clouée à l'intérieur. « Cette porte ? demande l'officier. — C'est celle du jardin. — Ouvrez. » Je les conduis au jardin. En arrivant en haut de l'escalier, l'officier me dit: «On a tiré sur nous du clocher.» J'ai alors le sentiment que je vais être fusillé dans mon jardin. Je me recommande à Dieu, le priant d'agréer mon sacrifice pour l'Église et pour la France, et je réponds avec fermeté : « Je vous affirme, je vous jure même qu'il n'y avait personne dans l'église ni dans le clocher ! » Je lui cite même la recommandation que j'avais faite la veille. Tout en causant, je regarde du côté du chemin de Givonne, et j'aperçois des colonnes de fumée noire s'élevant des maisons. Pendant ce temps, les soldats culbutent quelques bottes d'avoine qui étaient dans la cabane du jardin. Ils prennent une échelle et regardent au-dessus des murs. Bien entendu ils ne découvrent rien de suspect et je leur dis : « Il n'y en avait pas plus à l'église et chez moi que dans le jardin. » L'officier était hésitant.

Enfin, ils redescendent, moi au milieu des soldats, et toujours persuadé que je marche à la mort. — En arrivant dans la cour, je dis à l'officier : « Puis-je rentrer chez moi ? — Oui. » — *C'est alors que je distingue de la fumée qui sort des vasistas de l'église.* — Oh ! les criminels, pensè-je, ils ont incendié l'église. — L'officier parti avec les soldats, j'essayai de pénétrer par la porte de la cour ; vains efforts, la porte résiste toujours ! Et le Saint-Sacrement est dans le Tabernacle! J'aurais voulu le consommer le matin, mais le ciboire était rempli. A plusieurs reprises, je tente d'enfoncer la porte qui est déjà chaude. Je ne puis y parvenir. Je vais derrière l'église et tâche d'entrer par la fenêtre de la sacristie : les meubles de la sacristie *brûlaient déjà, avant le toit ; qu'on remarque ce détail !* J'avais espéré que le feu n'atteindrait pas la voûte, ni l'autel. Hélas ! L'incendie poursuivait lentement son œuvre. *La tribune flambe, le clocher aussi.* Le bombardement fait rage. A une heure, l'horloge du clocher sonne douze coups, et tout cela excite le ricanement d'une troupe de cavaliers prussiens ; à une heure trente-quatre minutes l'horloge tombe, puis c'est la cloche.

Vers deux heures et demie, l'incendie de la flèche du clocher devient menaçant : où tomberont les pièces de bois enflammées ? — Peut-être y aurait-il danger à rester dans la maison. Je sors pour aller chez M. Triclin, instituteur, de l'autre côté de la rue. En passant devant l'église, je vois le lamentable tableau. Déjà les portes sont consumées. La corniche du maître-autel flambe ! Le tabernacle me paraît effondré,,,,. Personne chez M. Triclin. Je me tiens dans la cour, et là le chapelet en mains, les yeux pleins de larmes, au milieu du fraças de la mitraille, j'assiste pendant au moins vingt minutes à l'agonie de ma chère église... Mon Dieu, épargnez cette douleur à vos prêtres. Rien d'atroce, comme ce spectacle ! Vers trois heures, la flèche s'effondre dans l'intérieur de la tour, entraînée par la croix du sommet qui était fort lourde. Tout péril d'incendie a donc cessé pour le presbytère et j'y reviens. Quelques instants après, tout était terminé. De notre belle et grande église il ne reste que les quatre mûrs. Tout est brûlé, vases sacrés, ornements, linges et de plus, ô douleur, les saintes espèces dans le ciboire !!

*
* *

« Le jeudi 27 dans l'après-midi, la nuit ayant été très pluvieuse, je me suis avancé à travers les ruines de l'église, et j'ai retrouvé le ciboire, vide, hélas ! et défoncé sous un côté de marbre blanc du tabernacle. Dans la sacristie, les ornements se consument lentement. Je ramasse les pieds des calices et les restes des boites en fer blanc, mais je ne retrouve rien de ce qui était en argent. Le vol aura probablement précédé l'incendie. »

*
* *

Et M. l'abbé Tonnel dit en terminant : « Il s'est rencontré des personnes ayant assez peu de sens patriotique pour oser soutenir que l'incendie était dû à des obus. Je proteste absolument contre cette légende qui tendrait à justifier les modernes barbares. Je le répète, l'incendie a été mis à l'église, par les Prussiens du 8me de ligne, sous le prétexte mensonger qu'on avait tiré du clocher ; et d'ailleurs, si l'incendie avait été allumé par les obus, pourquoi la porte de la cour, donnant dans l'église avait-elle été barricadée ? Et comment expliquer que, dans la sacristie, les meubles brûlaient avant le toit ? De plus, des personnes très dignes de foi : M. Claudel, juge alors au tribunal civil ; M. Triclin, instituteur ; Melle Augustine Lemaire, Mmes Pime et Noël Pime ont vu les soldats allemands apporter de la paille et allumer eux-mêmes, criminellement, l'incendie ! »

CHAPITRE VI

C

Incarcération de cinq habitants de Donchery.

« *La Générale* » (mardi 25 août 1914)

Dès trois heures du matin, le maire fait battre la générale : hommes, femmes et enfants, tous prennent la fuite.

La gracieuse cité, hier encore si animée, n'offre plus à l'œil épouvanté que l'aspect d'un affreux désert. Seuls, quelques courageux habitants ont résisté à l'affolement général.

Vers dix heures, M. Rambourg, l'un des rares citoyens qui sont restés, se rend à l'école Sainte-Marguerite pour savoir ce qu'est devenu le directeur de cette école, un de ses amis, M. Gilbert. Celui-ci, par suite du départ de sa femme, se trouvait seul depuis une quinzaine de jours. Eloigné du reste du pays, il n'avait rien entendu de la débâcle du matin : aussi, vaquait-il tranquillement à ses occupations habituelles, lorsque M. Rambourg arriva chez lui !

Après avoir raconté ce qui s'est passé le matin, M. Rambourg décide son ami à le suivre. Après quelques sommaires préparatifs, M. Gilbert s'achemine vers le domicile de M. Rambourg où tous deux déjeunent. Leur modeste repas terminé, ils retournent l'un et l'autre à l'école Sainte-Marguerite. Mais bientôt, ils aperçoivent les troupes françaises qui se hâtent de repasser la Meuse. Rapidement les deux amis regagnent le domicile de

M. Rambourg. Là, un officier du génie les presse d'avoir à retraverser le pont le plus rapidement possible ; ce pont devant sauter aussitôt que le dernier soldat sera passé. Il n'y avait plus à hésiter, il fallait partir.

M. Rambourg, quoique à regret, revêt sa pélerine, fait signe à sa vieille tante qui pleure ; le directeur de l'école Sainte-Marguerite s'empresse, à son tour, de reprendre son sac de voyage ; et tous les trois s'éloignent. Chemin faisant le groupe se grossit de deux nouvelles unités : MM. Renaud, menuisier, et Ducornet, domestique de M. Herbulot.

Il était environ trois heures de l'après-midi quand tous les cinq franchissent le pont derrière l'armée !

A peine sur la rive gauche de la Meuse, le feu est mis aux mines, et en un clin d'œil le pont, comme une masse, s'abat dans le fleuve.

Le moment était solennel pour les cinq fugitifs. Quelle route allaient-ils prendre ? Au moment de se décider, ils sont abordés par *le capitaine Chevalot*, retraité à Donchéry. Ce dernier, intime de la famille Rennesson dont le domicile se trouve sur la rive gauche de la Meuse, propose à tous de se réfugier la nuit chez M. Rennesson, dont la famille est partie dans la matinée.

Nuit du 25 au 26 août.

La proposition de M. Chevalot est acceptée à l'unanimité (raconte M. Gilbert lui-même), et nous nous rendons tous les six dans la salle à manger de la famille Rennesson où, après notre frugale collation du soir, chacun s'efforce de dormir sur une chaise.

Le 26, à quatre heures du matin, nous sommes réveillés par la fusillade qui commence. MM. Renaud et Ducornet, qui se sont hasardés dans une prairie voisine afin d'y traire une vache, sont contraints, par les balles sifflant à leurs oreilles, de revenir aussitôt. Nous descendons alors tous dans les caves pour nous y mettre à l'abri de la mitraille qui commence à faire rage.

La journée du 26, jusqu'à deux heures de l'après-midi, s'écoule ainsi dans les sous-sols où, à chaque minute, nous nous attendons à être ensevelis tout vivants.

Vers deux heures, un moment d'accalmie se produit ; nous en profitons pour sortir de notre périlleuse retraite et jeter un regard scrutateur sur ce qui se passe à l'extérieur. Nous voici promptement édifiés : à peine sommes-nous hors de notre obscur caveau, qu'un vacarme indescriptible se fait entendre au dehors et que des balles sont tirées dans le couloir de la maison nous servant d'abri : elles se contentent, fort heureusement, de frôler quelques-uns d'entre nous ; c'est l'armée allemande qui a réussi, malgré le pont sauté, à franchir la Meuse. C'est pour nous un moment de terribles angoisses.

M. Chevalot, se rendant compte du danger, et n'écoutant alors que son courage, malgré ses 75 ans, se présente le premier, et les bras en l'air, persuade à l'ennemi que nous sommes inoffensifs. En quelques secondes, la maison est envahie par la soldatesque allemande et fouillée de fond en comble. Nous subissons le même sort que l'immeuble ; cette opération terminée, on nous requiert pour porter à boire à ceux du rang qui ne peuvent entrer dans la maison pour se rafraîchir. Pendant trois longues heures, nous donnons, chacun avec un seau, de l'eau à des milliers de soldats, lesquels, de peur que notre liquide ne soit empoisonné, nous forcent à boire avant eux Durant ce temps, ceux qui avaient pu pénétrer dans la maison, vident la cave et les armoires.

Nuit du 26 au 27 août.

Cette servitude dura jusque vers six heures. Mais, hélas ! nous n'étions qu'au commencement de nos peines. A ce moment précis où nos yeux attristés regardaient brûler l'hôtel des postes, la mairie et quantité d'autres maisons, une patrouille nous prie de la suivre, (*pour notre sécurité*, ajoute le chef de la patrouille) On nous conduit tous les six dans une remise de matériaux à bicyclettes où déjà se trouvent entassés les soldats français blessés ou faits prisonniers à la *Croix Piot*. Chaque prisonnier cherche un siège pour y reposer ses membres fatigués et réfléchir sur le sort qui l'attend. Faute de mieux, les uns s'asseoient sur des roues, d'autres sur des caisses, beaucoup sur des sacs de boulons, quelques-uns même sur des sacs de clous, car l'ordre est de s'asseoir !

Douze heures, départ pour Sedan.

Nous étions ainsi dans cette triste et pénible situation lorsque, vers minuit, survient un officier, tenant en mains une large feuille de papier ; il l'ouvre et, après un appel à l'attention, il nous lit, en un français plus ou moins correct, les articles de la loi qui, en temps de guerre, punissent de mort toute infraction à la discipline.

Cette lecture achevée, on nous range par files de quatre, les civils en tête et les mains attachées derrière le dos. Le capitaine Chevalot proteste, fait valoir sa croix de la légion d'honneur, son âge, etc... rien n'y fait ; pour toute réponse, on serre un peu plus ses liens et on le pousse à coups de crosse de fusil ! Les autres civils protestent à leur tour et demandent qu'au moins on leur permette de prendre leurs quelques effets restés dans la maison Rennesson ; les tortionnaires sont impitoyables ; ils ne lâchent pas leurs victimes.

Tous ces préliminaires terminés, commence la route du calvaire !

Partis de Donchery à une heure du matin, nous atteignons Torcy vers deux heures. Sur le point de franchir le passage à niveau, nos bourreaux s'arrêtent. Ils avaient cru pouvoir atteindre Saint-Menges sans traverser Sedan. Déçus dans leur espérance, ils nous font faire demi-tour et nous ramènent à Donchery par une pluie battante.

Chute du capitaine Chevalot.

En revenant sur Donchery, un nouvel arrêt se produit occasionné par un encombrement de cavaliers, de caissons et de véhicules de tout genre. En cet instant, un de nos malheureux compagnons se sent faiblir ; il prie ses voisins de le soutenir et de lui délier les mains : c'est le digne M. Chevalot qui ne peut plus résister à la fatigue, aux émotions et aux privations de toute nature. — Ce voyage lui rappelait trop aussi la voie douloureuse, qu'il avait suivie, comme prisonnier de Sedan, 44 ans plus tôt. M. Gilbert, ayant réussi à dégager ses mains, s'empresse de secourir le malade, en l'étendant de tout son long pour lui faciliter la respiration et la circulation.

M. Rambourg s'empresse, lui aussi, autour du patient : avec son canif, il coupe la corde qui lie toujours le pauvre capitaine.

Malheureusement la route est redevenue libre, et un formidable « en avant » nous force à continuer. Le malade, remis sur ses jambes, ne peut faire que quelques pas et se laisse choir de nouveau. Quel parti prendre ? — Pour les Allemands la question est vite résolue : asseoir le patient sur le bord du fossé et l'abandonner là sans secours !...

En cette triste extrémité, nos cœurs sont brisés de douleur, de pitié et saisis de sinistres appréhensions ; chacun de nous est persuadé qu'il ne reverra plus notre brave ami. La Providence en avait décidé autrement. Le capitaine ne périt pas ; après avoir recouvré ses sens, et, sans savoir comment, il se transporta dans une roulotte qui se trouvait sur sa route, essuya plusieurs coups de feu sans être atteint, réussit à se glisser dans les rangs des troupes ennemies, qui ne firent aucune attention à lui, et il atteignit Sedan où nous devions le retrouver trois jours après.

Passage de la Meuse sur un pont de bateaux.

Pleins d'angoisse, n'en pouvant plus de faim et de fatigue, nous dûmes poursuivre notre chemin vers Donchery.

Arrivés en face de la maison dite : four à chaux, on nous fait quitter la route pour traverser la prairie. Parvenus aux bords de la Meuse, nous nous trouvons en face d'un pont de bateaux sur lequel défile l'artillerie ennemie. Pendant que cavaliers et canons franchissent le fleuve, la colonne des prisonniers est obligée, par la force, de s'asseoir dans l'herbe mouillée : depuis notre départ de Donchery la pluie n'a pas cessé de tomber ! Une demi-heure s'écoule dans ce pénible état, et notre tour arrive de passer sur le pont ; nous le franchissons à la lueur de l'incendie qui dévore nos maisons. Un dernier regard jeté sur notre Donchery, et nous disparaissons du côté de Ledancourt à destination de Saint-Menges où nous n'avions pu aller par Sedan.

27 *août. Saint-Menges.*

Toujours par une pluie torrentielle, nous atteignons Saint-Menges vers sept heures du matin. Nous stationnons sur la place pendant une grosse demi-heure, exposés à l'averse et aux insultes de la soldatesque allemande, qui campe sur la place. Les civils surtout sont l'objet de leurs railleries et même de leurs coups de pied ! Après avoir épuisé l'amertume de ce calice, nous sommes introduits dans la salle d'école dont le sol est recouvert d'une couche de paille, tenant plutôt du fumier que d'autre chose. C'est sur ce lit infect et improvisé que soldats et civils se jettent pour détendre leurs membres exténués par la marche et les privations. Le reste de la journée, chacun se livre aux plus sinistres réflexions. *Nous n'avions rien pris depuis le mardi soir et nous étions au jeudi à onze heures du matin !* Ce n'est qu'à cette heure-là qu'on nous apporte quelques pommes de terre d'un goût plus que douteux. Notre besoin de manger est si grand que, malgré la triste mine de notre mets, chacun se précipite autour de la marmite fumante. Le repas fut bientôt terminé ; alors apparut un seau plein d'eau et placé au milieu de la salle où les uns et les autres purent venir se désaltérer. La fatigue était telle que, quand chacun eut pris ce peu de nourriture, on se jeta de nouveau sur la couche de fumier et l'on dormit jusqu'au lendemain 28, à une heure du matin, — heure à laquelle on nous servit notre deuxième repas, semblable à celui de la veille.

Vers quatre heures du matin, officiers et médecins pénètrent dans notre salle : les uns pour panser les blessés, et les autres pour s'entretenir avec les soldats français.

Dans ces colloques, on fit entendre aux prisonniers que les quatre civils allaient être fusillés, à midi, le même jour. Un brave sergent français eut assez d'énergie et de courage pour nous annoncer cette triste nouvelle. Ce fut, pour chacun de nous, un moment angoissant. La première émotion passée, nous fîmes généreusement à Dieu, le sacrifice de notre vie.

Nous demandons un prêtre pour nous assister ; il nous est refusé. Alors, nous dépouillant de tout ce que nous avons de précieux sur nous, nous en confions le dépôt aux soldats, afin que, lorsqu'ils auront recouvré leur liberté, ils le rendent à nos familles. Ces préparatifs achevés, nous ne pensons plus qu'à mourir. — Le Ciel se contenta de notre générosité : le crime ne fut pas consommé !

Une heure avant son exécution, c'est-à-dire vers onze heures, un des Allemands qui nous avaient arrêtés à Donchery entre dans notre prison ; il devait nous sauver. Nous lui exposons notre situation, et il n'hésite point à reconnaître que nous sommes parfaitement innocents. Sur-le-champ il se fait notre avocat, et c'est ainsi que nous échappons à une mort certaine.

Cette journée du 28 qui aurait dû être la dernière pour nous, se termina sans autres incidents.

Notre innocence reconnue, nous croyions bien qu'on allait nous rendre la liberté ; il n'en fut rien ce jour-là.

29 *août. La délivrance.*

Le 29, dès une heure du matin, comme les deux jours précédents, on nous servit les pommes de terre ; ce repas devait être le dernier dans ce lieu ; c'était le repas du départ, sans que personne s'en doutât.

Vers quatre heures du matin, un capitaine d'artillerie allemand, parlant parfaitement le français vint, comme les jours précédents, s'entretenir avec les soldats français. Il se mit à leur faire l'apologie de l'Allemagne. « Vos journaux français vous trompent, dit-il ; ils représentent l'Allemagne comme une nation barbare ; ils insinuent que c'est nous qui avons déclaré la guerre. C'est précisément le contraire qui est la vérité : c'est pour plaire à la Russie que la France s'est armée contre la nation allemande. Nous ne sommes pas davantage des barbares ; nous ne faisons point la guerre aux civils, mais aux soldats pour nous défendre. »

Le moment était propice. M. Gilbert le saisit aussitôt. S'adressant à l'officier allemand : « Monsieur lui dit-il, montrez que vos paroles ne sont pas vaines ! Nous sommes ici quatre civils pris à Donchery ; depuis quatre jours, on nous tient captifs ; pendant ces quatre journées nous avons souffert physiquement et moralement. Si vous pouvez nous convaincre de la moindre faute, nous nous soumettons à la rigueur des lois de la guerre, mais si vous reconnaissez que nous sommes innocents, vous devez nous rendre la liberté. »

Pris à son propre piège, notre capitaine s'exécuta. Il quitta aussitôt la salle et alla statuer sur notre sort. Une heure environ après cet entretien, sans que notre avocat eût reparu, tous les prisonniers tant civils que militaires, étaient rangés par files de quatre, entourés d'une corde, les civils en tête, et... en route pour l'Allemagne par la Belgique !

Après deux heures d'une marche pénible, sur une route poudreuse, bordée de chaque côté de brancardiers allemands, qui s'occupent à ramasser et ensevelir leurs morts, et aussi à insulter les malheureux Français captifs, nous arrivons au lieu dit : Ban d'Alle ; nous nous y arrêtons pour boire un verre d'eau. Pendant cette courte halte sonna, pour les quatre civils, l'heure de la délivrance. Durant notre repos, une automobile, allant à grande allure et dans le même sens que la colonne, s'arrêta net et fit demi-tour. Le chauffeur eut un court entretien avec le chef de la colonne, qui invita les quatre civils à monter dans la voiture. Ce fut pour nous un moment d'indicible joie ; chacun des soldats français s'empressa de nous serrer la main en nous félicitant de notre libération. Et, en effet, c'était bien la liberté qui venait au-devant de nous ! Aussitôt que, tous les quatre, nous eûmes pris place dans l'automobile, nous fûmes ramenés, en toute vitesse, à Saint-Menges, où nous attendait le capitaine d'artillerie que nous avions eu la chance d'interpeller le matin.

Nous fûmes descendus à la Commandanture où nous trouvâmes notre avocat : il nous annonça que nous étions libres, et nous remit un laissez-passer collectif, nous recommandant de ne pas nous séparer et de rester deux ou trois jours à Saint-Menges, de crainte que nous ne tombions encore dans quelque embuscade pendant le défilé de leurs troupes.

30 *août, Sedan.*

Une fois en liberté, tout n'était pas encore absolument fini pour nous. L'estomac creux, les membres fatigués, il fallait songer à nous refaire un peu avant de continuer notre calvaire. Saint-Menges était pillé ; impossible de trouver un morceau de pain ! Que faire en une pareille détresse ? M. Gilbert eut l'idée de s'adresser à M. le Curé de Saint-Menges, M. Nanin. Le charitable pasteur nous reçut de la manière la plus affectueuse et nous donna une gracieuse hospitalité. Sa table, sa chambre, ses lits furent mis à notre disposition. Dès le matin du 30, qui était un dimanche, après avoir entendu la sainte Messe, nous nous disposâmes à quitter Saint-Menges.

Comme nous ne pouvions regagner Donchery et que, d'autre part, nous connaissions la route de Sedan libre, nous prîmes le parti de nous rendre dans cette ville.

Nous y arrivâmes sans difficultés. Sur la place d'Alsace, la première personne amie que nous rencontrâmes fut M. Charles

Hulot. Il nous revit avec plaisir et nous apprit, avec une immense satisfaction, qu'il venait de quitter le capitaine Chevalot, notre infortuné compagnon que nous avions dû abandonner en la nuit tragique du mercredi au jeudi.

Avec M. Hulot, nous allâmes à la rencontre de M. Chevalot. Après quelques instants nous fûmes assez heureux pour le rencontrer. En le revoyant, de douces larmes coulaient de tous les yeux ; chacun de nous se jeta dans ses bras et l'embrassa cordialement.

Après avoir laissé libre cours à notre joie, il fallut nous mettre en quête d'un logis pour la nuit.

M. Hulot (1) emmena chez lui M. Gilbert ; chacune des victimes se rendit chez des parents que les uns et les autres avaient à Sedan.

Tel est le récit bien simple et *véridique* de nos souffrances, conclut M. Gilbert ; la bonté divine nous a retirés des mains de nos ennemis ; c'est par son intervention seule que nous avons recouvré la liberté et conservé la vie ! »

(1) M. Ch. Hulot mort otage, en 1918, à Vilna.

CHAPITRE VII

D

NÉCROLOGIE

Liste des personnes tuées à Sedan
les 25 et 26 Août 1914.

Liste des personnes tuées à Sedan les 25 et 26 Août 1914.

NOM et PRÉNOMS	PROFESSION	Ages	Epoux ou Epouse de : Veuf ou Veuve de :	DOMICILE	OBSERVATIONS
Migeot, Julie.	Néant.	40	Ep. Ernest Pierrard.	Sedan.	Décédée Hôp. civil.
Meyer, Alphonse.	Jardinier.	43	Ep. Elisabeth Richert.	Place du Château, 7.	Décédé à domicile.
Pouteaux, Charles.	»	47	Néant.	Fond de Givonne, 225.	»
Vauchez, Marcel-Auguste.	Néant.	14	»	Fond de Givonne.	»
Witier, Jean-Baptiste.	»	74	»	»	»
Mansard, Julie.	Ménagère.		»	Rue d'En-Bas.	Décédée en son domic.
Noel, Florence.	Néant.	59	Ve Auguste Mathieu.	Fond de Givonne.	Asphyxiée dans sa cave par l'incendie de sa maison.
Gillet, Firmin-Joseph.	Menuisier.	47	Ep. Ad. lHabary.	Balan (Ardennes).	Décédé Hôp. civil.
Michel, Alfred.	Journalier.	56	Ep. Marie Defrance.	Sedan.	»
Drion, Théophile-André.	Néant.	18	Néant.	Rue au Beurre, 18.	Décédé ambulance du Collège Turenne.
Gouveno, Charles.	»	55	Ep. Odile Demange.	Balan.	Décédé Hôpital civil.
Cornet, Jean.	»	63	Veuf Aglaé Pierrard.	Illy (Ardennes).	»
Lambotte, Albert.	»	30	Ep. Julie Lambert.	St-Menges (Ardennes).	»
Bredemesse, Théodore.	Vannier.	63	Ep. Marie Rossignol.	Rue Labretèche.	Décédé en son domic.
Pecqueux, Adolphe-Joseph.	Néant.	59	Ep. Appoline Jacquet.	Place de l'Ile.	Trouvé décédé, avenue Philippoteaux.
Vauchez, Fernand.	Ouv. fabr.	17	Néant.	Fond de Givonne.	Décédé Hôpital civil.
Degimbe, Eugène.	Cantonnier.	69	Ep. Marie-Hortense Renville.	Pl. de la Commune.	Décédé r. Berthelot.
Barbazon, Jules-Jean.	Néant.	14	Néant.	Rue de Bitche.	Tué rue de Bitche.
Nérot, André.	»	6	»	Rue Berthelot, 8.	»
Lhuire, Théophile.	»	36	Ep. Louisa Bayard.	Rue St-Nicolas, 9.	Décédé à l'ambulance du Collège Turenne.

TABLE DES MATIÈRES

DÉCORATION ÉTRANGÈRE

Les journaux ont annoncé, en Septembre 1919, *la citation à l'ordre des troupes britanniques par le Maréchal Douglas Haig, commandant en chef des armées anglaises (citation comportant l'attribution de la Military Cross), de plusieurs Ardennais qui faisaient partie du corps d'observation allié attaché à ces armées.*

Parmi eux nous relevons les noms de trois Sedanais :

M. Henri Domelier, journaliste;
M. l'abbé Georges Lallement, vicaire à Saint-Charles;
M. R. Pierron.

Paris-Lille. — Typ. A. Taffin-Lefort. 25-7-19.

Espion et traître

Souvenirs d'un Proscrit

Par Mgr A. KANNENGIESER

QUI A PASSÉ 31 MOIS EN PRISON ET 21 MOIS EN EXIL

In-12 (*majoration comprise*) **4.55**
franco. **4.80**

Traître et espion, deux épithètes ignominieuses s'il en fut. Ces deux épithètes qui flétrissent à jamais un homme furent jetées à la face 52 mois durant à l'auteur des « *Souvenirs d'un proscrit,* » Mgr Kannengieser bien connu du public lettré français.

Arrêté dès le 4 août 1914 dans des conditions *particulièrement odieuses,* Mgr Kannengieser raconte son *douloureux martyre* avec une chaleur si communicative, une émotion si poignante, qu'une fois le récit commencé on ne peut plus s'en détacher et c'est avec une sympathie toujours croissante que l'on parcourt avec lui les différentes étapes de son calvaire depuis la cellule où il est au secret le plus absolu, jusqu'au camp de Holzminden où il partage les souffrances de tous les malheureux déportés.

Dans ce livre émouvant il raconte toutes les tortures physiques et morales qui lui furent infligées pour avoir aimé la France.

Mgr Kannengieser connaissait bien l'Allemagne, il avait autrefois consacré à ce pays une série d'ouvrages qui avaient fait sensation. Il connaissait l'Allemagne, mais non les Boches ; ils se révélèrent à lui dans toute leur inconsciente cruauté.

Tout le monde voudra lire ces souvenirs d'un Proscrit où l'auteur a mis tout son talent et toute son âme.

LES ÉTATS-UNIS

Juillet 1914 — Novembre 1918

Par Paul DELAY

1 volume in-8° (*majoration comprise*). **7.50**

Dans un style sobre appuyé par des documents précis et méthodiquement utilisés, cet important ouvrage, de beaucoup le plus complet entre ceux qui ont paru sur ce sujet, forme un historique attachant de tout ce qui se passa aux États-Unis depuis le début de la guerre. Il raconte, dans les treize premiers chapitres, les intrigues et provocations successives par lesquelles l'Allemagne amena un peuple composé d'éléments si divers à entrer dans la lutte.

Les sept derniers chapitres sont consacrés aux gigantesques efforts faits par les États-Unis pour répondre dans le délai le plus rapide aux besoins militaires, maritimes, économiques des Alliés. La création d'une armée digne de ce grand pays, l'arrivée du corps expéditionnaire en France et son développement inouï, les exploits des troupes américaines sur notre sol jusqu'à l'armistice triomphant sont décrits dans le livre sous une forme aussi vivante que complète. Le vingtième chapitre intitulé « Capitulation de l'Allemagne » raconte enfin les suprêmes manœuvres de l'ennemi pour amener le président Wilson à prendre le rôle d'arbitre et provoquer par suite des divergences entre lui et les Alliés.

Cet ouvrage est aussi intéressant à lire que précieux à conserver.

OUVRAGES DE H. ROUY

Membre de l'Académie Nationale de Reims
Secrétaire honoraire de la Chambre de Commerce de Sedan

HISTOIRE DE SEDAN DES ORIGINES A 1914

In-8° . . . .

SEDAN DURANT LA GUERRE de 1914 à 1918

TOME I (336 p.) . . . 4.75 — TOME II (152 p.) . . . 3.50

EN CAPTIVITÉ

Par A. LIMAGNE, Aumônier militaire.

In-12. . . . . 4.55

Mgr HERSCHER, Archevêque de Laodicée.

L'ALSACE TELLE QU'ELLE EST

In-8° écu 3.25

A LA GLOIRE DE L'ALSACE

In-8° écu 2.90

LE CARDINAL MERCIER

In-8° écu (*avec un portrait hors-texte de S. E. le Cardinal Mercier*). . 1.30

LA GRANDE GUERRE A LA LUMIÈRE DE LA BIBLE

In-12. . . . . 1.60

CONTRE LES BARBARES

In-8° écu 3.25

QUELQUES LEÇONS du TEMPS de GUERRE

Par S. G. Mgr TOUCHET, Évêque d'Orléans.

In-12 . . . . 2.35

ESPION ET TRAITRE

PAR S. G. MGR KANNENGIESER

SOUVENIRS D'UN PROSCRIT
qui a passé 31 mois en Prison et 21 mois en Exil.

In-12. . . . . 4.55

www.ingramcontent.com/pod-product-compliance
Ingram Content Group UK Ltd.
Pitfield, Milton Keynes, MK11 3LW, UK
UKHW012226240726
13966UKWH00003B/970